Schokolade

Kleine Geschenke zum Dahinschmelzen

Schokolade

Kleine Geschenke zum Dahinschmelzen

TEXTE UND FOTOS VON RAFAEL PRANSCHKE

KOSMOS

Schokolade

EIN SÜSSES STÜCK
vom Schoko-Glück

ZART-SCHMELZEND ODER KRÄFTIG-HERB, ALS TRINKSCHOKOLADE, PRALINE ODER SCHOKOKUCHEN – SCHOKOLADE IST UNGLAUBLICH WANDELBAR UND BLEIBT DOCH IMMER AUCH EINES: EIN SÜSSES STÜCKCHEN GLÜCK.

EIN GESCHENK DER GÖTTER

Wären die Spanier um Hernán Cortés nicht auf die Idee gekommen, das ziemlich bittere Kakao-Getränk „xocolatl" der Azteken mit Rohrzucker zu süßen, wer weiß, ob wir heute überhaupt über Schokolade als „Geschenk der Götter" sprechen würden. Kolumbus, der als einer der ersten Europäer auf den Kakao stieß, wusste noch nicht viel mit den bitteren Bohnen anzufangen. Und vom Rohprodukt zur süßen Köstlichkeit ist es ein längerer Weg, der erst einmal entdeckt werden musste: Die Bohnen, die im Inneren der großen Kakaofrucht liegen, müssen fermentiert, getrocknet, geröstet und gemahlen werden. Der Rohkakao wird in Kakaopulver und Kakaobutter getrennt, die dann später zusammen mit Zucker und evtentuell Gewürzen wieder vereint werden. Es wird erwärmt, gerührt, gewalzt, conchiert und temperiert, bis am Ende das entsteht, was wir alle so lieben: Schokolade.

EIN GESCHENK VON HERZEN

Was wir als Geschenk der Götter schätzen, eignet sich natürlich auch wunderbar als Geschenk für liebe Menschen. Und weil es etwas ganz Besonderes sein soll, zeigen wir Ihnen hier, was Sie aus Schokolade alles einfach selbst machen können. Blättern Sie in diesem Buch und lassen Sie sich von unseren schokoladigen Ideen verführen – zum Selbermachen, Naschen und Verschenken. Von witzigen Schoko-Lollis, die nicht nur Kinder gerne mögen, über Trüffel, Pralinen und Konfekt bis hin zu Cupcakes, Schokotörtchen und Eis-Variationen ist für jeden Geschmack etwas dabei. Und damit die liebevoll selbst gemachten Schokogeschenke nicht nur den Gaumen verwöhnen, sondern auch optisch ein Genuss sind, zeigen wir Ihnen zahlreiche Verpackungsideen.

DIE GRUNDLAGEN
Kakao, Kuvertüre & Schokolade

DIE BEGEISTERUNG FÜR KAKAO IM EUROPA DES 17. JAHRHUNDERTS FÜHRTE ZUM ANBAU DER KAKAOPFLANZEN AUF PLANTAGEN UND ZUR ENTSTEHUNG DER SCHOKOLADENINDUSTRIE.

TROPISCHES GOLD

Der Kakaobaum fühlt sich im feucht-warmen tropischen Klima wohl. Die Pflanzen können natürlicherweise eine Höhe von bis zu 18 m erreichen, doch um die Ernte zu erleichtern, werden die Plantagenbäume auf eine Höhe von 5–6 m begrenzt. Nach der Ernte der Kakaofrüchte werden die Samen in dem weißen Fruchtfleisch, der Fruchtpulpe, bei hohen Temperaturen fermentiert. Dabei verlieren sie einen Teil der Bitterstoffe. Anschließend erfolgt die Trocknung meist traditionell in der Sonne. Die Kakaobohnen verlieren während dieses Vorgangs an Größe und Gewicht. Aus den Bohnen wird die eigentliche für die Schokoladenherstellung benötigte Kakaomasse hergestellt. Der Kern der Bohne, der sogenannte Nibs, wird gemahlen. Durch ein spezielles industrielles Pressverfahren wird die Kakaobutter von der Kakaomasse getrennt. Es entsteht das entölte Kakaopulver und die für die Schokoladenherstellung wichtige Kakaobutter.

GESUNDE INHALTSSTOFFE

Abgesehen von seinem einzigartigen Geschmack besitzt der Kakao viele sekundäre Pflanzenstoffe, die eine positive Wirkung auf den menschlichen Organismus haben. Theobromin ist einer dieser Stoffe, der eine stimmungsaufhellende Wirkung hat. Damit ist klar, warum es heißt: „Schokolade macht glücklich."

AUS KAKAO WIRD SCHOKOLADE

Sowohl Schokolade als auch Kuvertüre bestehen aus Kakaopulver, Kakaobutter und Zucker. Der wesentliche Unterschied besteht in den prozentualen Anteilen der Grundzutaten. Schokolade besitzt einen weitaus geringeren Anteil an Kakaobutter als Kuvertüre. Der Fettanteil beeinflusst die Fließfähigkeit von Kuvertüre und Schokolade: je geringer der Anteil an Kakaobutter, desto dickflüssiger ist die Schokolade bzw. Kuvertüre. Eine EU-Verordnung erlaubt allerdings mittlerweile neben reiner Kakaobutter auch andere Fette wie Kokos- oder Palmfett für die Schokoladenherstellung.

KUVERTÜRE FÜR FEINSTE PRALINEN

Kuvertüre wird meist in der Pralinenherstellung verwendet: Der höhere Anteil an Kakaobutter macht sie dünnflüssiger und damit besser geeignet zum Überziehen von Trüffeln, Konfekt und Pralinen. Auch selbst gemachte Schokolade kann mit Kuvertüre problemlos hergestellt werden.

PRAKTISCHE HELFER
für die Schoko-Werkstatt

DAMIT IHNEN DIE REZEPTE IN DIESEM BUCH GUT GELINGEN, BENÖTIGEN SIE EINE KLEINE GRUNDAUSSTATTUNG. VIELE DER PRAKTISCHEN HELFER HABEN SIE ABER SICHER BEREITS IN IHREM FUNDUS.

FÜR DAS WASSERBAD Um die Kuvertüre zu schmelzen, ist ein Wasserbad unentbehrlich. Man benötigt eine große Schüssel aus Metall oder Glas und einen kleineren Topf. Die Schüssel sollte so groß sein, dass der Boden nicht mit Wasser in Berührung kommt und kein Wasserdampf entweichen kann.

PALETTEN UND SPACHTEL Um Glasuren und Cremes gleichmäßig zu verteilen, sind Winkelpaletten und Spachtel besonderes hilfreich.

PRALINENBESTECK Zum Eintauchen von Trüffeln, Konfekt und Pralinen in flüssige Kuvertüre sind Pralinengabeln mit drei Zinken die besten Helfer. Es gibt sie aber auch mit zwei Zinken, Spirale oder Ring. Sie sind eine wirklich lohnende Anschaffung.

SPRITZBEUTEL UND SPRITZTÜTEN Einweg-Spritzbeutel und selbst gefaltete Spritztüten aus Backpapier (siehe Seite 22) finden in vielen Rezepten Verwendung. Verzierungen und Füllungen können damit sehr präzise aufgetragen werden.

HANDRÜHRGERÄT Das Rührgerät kommt insbesondere bei der Herstellung von Pralinen-Canache zum Einsatz. Verschiedene Quirle sind für die Kuchenherstellung nötig.

THERMOMETER Am besten eignet sich ein digitales Küchenthermometer. Damit lässt sich die Temperatur geschmolzener Kuvertüre sehr genau bestimmen.

SILIKONFORMEN Schokoladen- und Backformen aus Silikon eignen sich gut für die Arbeit mit Schokolade. Schokoladentafeln und Pralinen lassen sich einfach aus den flexiblen Formen lösen.

UND AUSSERDEM Backbleche, auf die man die fertigen Schokoladenstücke zum Festwerden abstellen kann. Backpapier zum Auskleiden von Formen oder als Anti-Haft-Unterlage für Pralinen. Eine digitale Küchenwaage zum genauen Abwiegen auch kleiner Mengen. Backpinsel zum Ausfetten von Formen. Ein großes Küchenmesser zum Hacken der Kuvertüre. Verschiedene Schneidebretter, Kochlöffel und Schneebesen sowie genügend Schüsseln in verschiedenen Größen.

[a]

[b]

SO
gelingt's
SICHER

....

[a] SEHR PRAKTISCH sind Kuvertüre-Drops. Sie schmelzen schnell und man muss die Kuvertüre vor der Verwendung nicht hacken.

[b] NICHT ZU HEISS Die Höchsttemperatur beim Schmelzen darf nicht überschritten werden, andernfalls gerinnt die Kuvertüre. Zartbitter-Kuvertüre verträgt 45 – 50 °C, Vollmilch-Kuvertüre 38 – 40 °C und weiße Kuvertüre 38 – 40 °C.

[c] OHNE THERMOMETER prüft man die Temperatur so: Den Stiel eines Kochlöffels in die Kuvertüre tauchen und schnell zur Unterlippe führen. Die Kuvertüre sollte sich weder kalt noch warm anfühlen.

SCHMELZEN
und temperieren

SCHOKOLADE UND KUVERTÜRE SIND TEMPERATUREMPFINDLICH. FÜR SEIDIGEN GLANZ, ZARTEN SCHMELZ UND KNACKIGEN BRUCH BRAUCHT ES DARUM ETWAS FINGERSPITZENGEFÜHL UND EIN WENIG ÜBUNG.

DIE TEMPERATUR IST ENTSCHEIDEND

Erwärmt man Schokolade oder Kuvertüre über den Schmelzpunkt hinaus (Zartbitter-Kuvertüre 31–32 °C, Vollmilch-Kuvertüre 30–31 °C, weiße Kuvertüre 29–30 °C), verflüssigt sich die Kakaobutter und verliert ihre tragende Eigenschaft. Die Emulsion löst sich auf, das Fett schwimmt oben. Beim Schmelzen muss man daher immer wieder umrühren, um dies zu verhindern. Würde man die so geschmolzene Kuvertüre nun einfach wieder erstarren lassen, wäre die Oberfläche matt und grau. Um dies zu verhindern, wird die Kuvertüre temperiert. Und auch zu heiß darf es der Kuvertüre nie werden, da die Masse sonst gerinnt. Aus diesem Grund arbeitet man immer über einem Wasserbad.

DAS WASSERBAD

Füllen Sie einen Topf mit Wasser, bringen Sie es zum Kochen und nehmen Sie den Topf vom Herd. Eine Schüssel wird dann so über das heiße Wasser gesetzt, dass der Wasserspiegel den Schüsselboden nicht berührt. Das verhindert, dass die Temperatur zu schnell steigt und die Kuvertüre zu heiß wird.

IMPFMETHODE

Geben Sie nun 300 g gehackte Kuvertüre in die Schüssel über dem Wasserbad und lassen Sie sie langsam schmelzen. Dann die Schüssel vom Wasserbad nehmen und 150 g gehackte Kuvertüre in kleinen Portionen zufügen [→a]. Unter ständigem Rühren mit einem Teigschaber die Kuvertüre auflösen. Die Temperatur sinkt dabei und die gewünschte Konsistenz wird erreicht. Noch während die Kuvertüre schmilzt, überprüft man die Temperatur, am besten mit einem digitalen Thermometer [→b,c]. Zum Verarbeiten sollte die Temperatur knapp über dem Schmelzpunkt liegen.

DIE PASSIVE METHODE

Eine weitere Möglichkeit ist es, gleich die gesamte Menge an Kuvertüre zu schmelzen. Dann nimmt man den Topf vom Wasserbad und wartet, bis die obere Schicht der Kuvertüre fest wird. Diese feste Schicht mit dem Kochlöffel zerstoßen und unter die darunterliegende flüssige Kuvertüre rühren.

DIE TABLIER-METHODE

Etwas für Profis: Hier wird ein Teil der geschmolzenen Kuvertüre auf einer Marmorplatte abgekühlt, bis sie deutlich dickflüssig wird, und dann wieder zur übrigen geschmolzenen Masse gegeben. Das wiederholt man so lange, bis die Kuvertüre die richtige Temperatur zum Verarbeiten hat.

TAUCHEN
und überziehen

OB TRÜFFEL, MARZIPAN ODER NOUGAT – EIN SCHOKOLADENÜBERZUG MACHT DOCH ERST EINE „RICHTIGE" PRALINE DARAUS. UND AUCH VIELE GEBÄCKSTÜCKE SIND MIT SCHOKO ÜBERZOGEN GLEICH NOCHMAL SO GUT.

AUSREICHEND KUVERTÜRE SCHMELZEN

Um Pralinen, Trüffel, Canache, Marzipan oder Nougat mit Schokolade zu überziehen, sollte man unbedingt eine größere Menge an Kuvertüre temperieren. Nur so kann jedes einzelne Stück mit einer Pralinengabel komplett in die flüssige Kuvertüre eingetaucht und damit umhüllt werden.

MEHRFACH EINTAUCHEN

Zum Überziehen gibt man die Praline in die Kuvertüre, taucht sie ganz ein und hebt sie mit der Gabel heraus. Nun noch zwei- bis dreimal erneut leicht eintauchen und herausheben. Die Gabel am Schüsselrand abstreifen und die Praline auf Backpapier absetzen. Außerdem „saugt" die Oberflächenspannung in der Schüssel die überschüssige Kuvertüre beim Herausheben an sich, so dass sich beim Absetzen der Praline kein großer Schokoladensockel am Boden bildet. Die Gabel nach jedem Tauchgang säubern, sonst bleiben die süßen Stücke kleben.

SCHÖN VERZIERT

Beim Verzieren mit Schokolade kann man sehr fantasievoll sein. Überzogene Pralinen lassen sich wunderbar mit Fäden, Punkten und Mustern verzieren. Dafür die flüssige, temperierte Kuvertüre in einen Spritzbeutel mit sehr kleiner Öffnung füllen und in einem dünnen Faden über die Pralinen spritzen. Ganze Kuchen, Torten und Kekse bekommen einen glänzenden Schokoladenüberzug. Hierfür das Gebäck auf ein Gitter setzen und die Kuvertüre großzügig mit einem Löffel oder einer kleinen Schöpfkelle darüber geben und eventuell am Rand mit einer Palette glatt streichen. Mit selbst gemachten Schokoladenornamenten und -röllchen (siehe Seiten 31, 91 und 132) kann man Desserts und Kuchen verzieren und Kakaopulver mithilfe von Schablonen gestreut macht Süßes noch unwiderstehlicher.

KLEINE PANNENHILFE

Manchmal zeigt der Schokoladenüberzug einen Grauschleier oder er glänzt nicht richtig. Das tut dem Geschmack zwar keinen Abbruch, sieht aber nicht schön aus. Grauschleier oder fehlender Glanz kommen dann vor, wenn die Kuvertüre falsch temperiert oder während des Schmelzens nicht gerührt wurde. Ein erneutes richtiges Temperieren der Kuvertüre ist dann die Lösung. Manchmal passiert es allerdings auch, dass die Kuvertüre beim Schmelzen fest wird. Das geschieht, wenn die Kuvertüre zu hoch erhitzt wird oder einige Tropfen Wasser aus dem Wasserbad in die Schokolade gelangen. Das kann leider nicht mehr rückgängig gemacht werden. Sorgfältiges Arbeiten ist darum ganz wichtig.

SCHNELL GEMACHT
Schoko-Variationen

SCHOKOLADE PUR IST SCHON EIN HOCHGE-
NUSS. NOCH EIN BISSCHEN FEINER UND RICHTIG
SCHÖN GESCHENKIG WIRD SIE, WENN MAN SIE
MIT BESONDEREN ZUTATEN VEREDELT ODER IN
EINE NEUE FORM BRINGT.

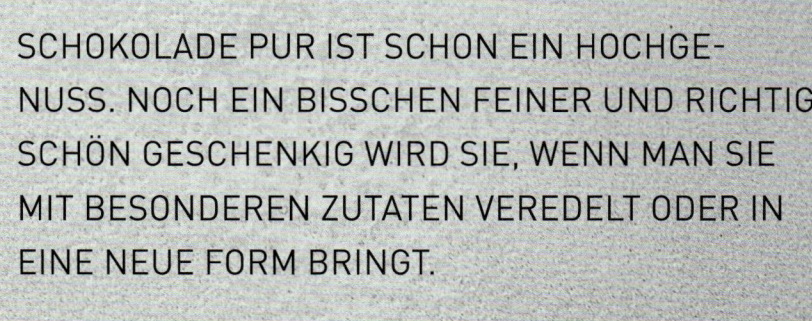

SCHOKO-TAFEL
selber gießen

GEHT GANZ EINFACH UND MACHT AUCH KINDERN VIEL SPASS.
UND DAS SCHÖNSTE: JEDER KANN SICH SEINE EIGENE SORTE
KREIEREN. WIE WÄRE ES EINMAL MIT KUH-FLECK-SCHOKOLADE?

DIE ZUTATEN

Beim Herstellen von hausgemachter Schokolade lassen sich unterschiedliche Sorten von Kuvertüre verwenden – ganz nach Geschmack und Vorliebe, pur oder gemischt. Außerdem kann die Kuvertüre mit den verschiedensten Zutaten verfeinert werden. Zum Geschmack der Schokolade passen Nüsse (Haselnüsse, Erdnüsse, Walnüsse etc.), Kerne (Kürbiskerne, Sonnenblumenkerne, Sesam), kandierte Früchte, Cornflakes, Rosinen und Trockenobst, Kokos- oder Bananen-Chips, Gewürze (Zimt, Chili, Rosa Pfeffer), Aroma-Öle und sogar Salz. Auf Seite 23 finden Sie zwei Rezeptbeispiele.

DIE GIESSFORM

Im Handel sind unterschiedliche Formen aus Silkon oder Hartplastik erhältlich. Die Silikonformen sind in der Handhabung sehr praktisch, die fertigen Tafeln lassen sich ganz einfach aus der Form herauslösen, indem die Form abgezogen wird. Hartplastikformen gibt es auch für große Schaustücke über 200 g. Man löst die Schokolade durch leichtes Klopfen und Biegen aus den Formen. Ich empfehle für Schokoladetafeln Formen von 100–200 g Gewicht. Das hat den Vorteil, dass ein Aushärten der Schokolade nicht den ganzen Tag dauert. Unabhängig davon, welche Form Sie verwenden, müssen Sie immer darauf achten, dass die Gießform absolut sauber, trocken und fettfrei ist.

SO GEHT'S

Für eine Tafel Schokolade mit weißem Muster 25 g weiße und 100 g dunkle Kuvertüre einzeln über dem Wasserbad schmelzen und temperieren (siehe S. 12/13). Die flüssige weiße Kuvertüre in einen kleinen Spritzbeutel füllen und ein Muster in die Gießform spritzen [→a]. Die Kuvertüre ca. 15 Minuten etwas fest werden lassen. Dann mit einem Löffel oder einer kleinen Kelle die dunkle Kuvertüre in die Gießform füllen [→b]. Klopfen Sie die Formen dann mehrmals auf die Arbeitsfläche, um Luftbläschen in der Schokolade zu vermeiden. Schon fertig! Stellen Sie die Tafeln nur noch zum Aushärten an einen kühlen Ort. Wenn die Schokolade ganz fest geworden ist, können Sie sie aus der Form lösen.

KLEINER TRICK

Silikonformen sind sehr flexibel und lassen sich nach dem Füllen nur noch schwer bewegen. Auch das Aufklopfen auf die Arbeitsfläche ist schwierig, schnell läuft dabei Kuvertüre aus der Form. Doch es gibt einen einfachen Trick: Stellen Sie die Form vor dem Füllen auf ein kleines Blech oder Brett. Nun heben Sie die Unterlage an und klopfen damit mehrmals auf die Arbeitsfläche. Und auch transportieren lässt sich die gefüllt Form auf diese Weise besser.

[a]

[b]

So gelingt's SICHER

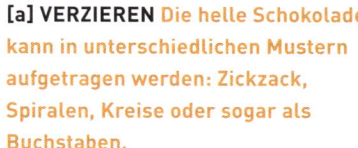

[a] VERZIEREN Die helle Schokolade kann in unterschiedlichen Mustern aufgetragen werden: Zickzack, Spiralen, Kreise oder sogar als Buchstaben.

[b] GIESSEN Geben Sie die Schokolade langsam in die Form und achten Sie dabei darauf, dass alle Hohl- und Zwischenräume gut mit Schokolade gefüllt sind.

NOPPEN-SCHOKI
sieht witzig aus

WER SEINER SELBST GEMACHTEN TAFELSCHOKOLADE MAL EINE GANZ BESONDERE FORM GEBEN MÖCHTE, MACHT DAS GANZ EINFACH MIT EINEM STÜCK NOPPENFOLIE.

Zutaten für 150 g

150 g Zartbitter-Kuvertüre

1 Msp. Chilipulver

40 g weiße Kuvertüre

besonderes Werkzeug
· Noppenfolie 10 x 22 cm
· kleiner Spritzbeutel (S. 22)

Zeitbedarf
· 30 Minuten
· 5 Stunden kühlen

So geht's

1. Ein Stück Noppenfolie gründlich abspülen und mit einem sauberen Geschirrtuch sehr gut trockenreiben.

2. Die Zartbitter-Kuvertüre hacken und in einer Schüssel über dem Wasserbad schmelzen und temperieren. Das Chilipulver zufügen und unterrühren.

3. Die weiße Kuvertüre ebenfalls hacken und schmelzen. Nach dem Temperieren in einen Spritzbeutel aus Papier füllen.

4. Mit der weißen Kuvertüre ein Muster auf die Noppenfolie spritzen [→a]. 10 Minuten an einem kühlen Ort anziehen lassen. Die weiße Kuvertüre darf nicht mehr flüssig sein.

5. Die dunkle Kuvertüre mit einer langen Palette auf die Noppenfolie streichen [→b]. Die Noppenschokolade an einem kühlen Ort aushärten lassen und die Folie abziehen [→c].

GEWUSST WIE | SPRITZBEUTEL FALTEN Ein quadratisches Stück Pergamentpapier in zwei gleiche Dreiecke schneiden. Ein Dreieck mit der Spitze nach oben ablegen. Die rechte Ecke nach oben zur Spitze falten und festhalten. Die linke Ecke über die Mitte, dann um die rechte nach oben gefaltete Ecke schlagen, so dass sie von hinten auf der Spitze des Dreiecks liegt und ein Kegel entsteht. Die obere Spitze nach innen umfalten.

[a]

[b]

SO
gelingt's
SICHER

[a] MUSTER SPRITZEN Kleine Mengen Kuvertüre lassen sich am besten mit einem selbst gefalteten Spritzbeutel spritzen (siehe Tipp). Je kleiner die Öffnung geschnitten wird, desto feiner wird das Muster.

[b] SCHOKOLADE AUFTRAGEN Die flüssige Kuvertüre gleichmäßig auf die Folie streichen. Klopft man die Schüssel mit der geschmolzenen Schokolade vorher mehrfach auf die Arbeitsfläche, werden Luftbläschen vermieden.

[c] FOLIE ABZIEHEN Die ausgehärtete Schokolade mit der Folie nach oben drehen und die Folie vorsichtig vom Rand her von der Schokolade abziehen.

NUSS-FRUCHT-SCHOKO
schokoladiges Studentenfutter

WAS MAN SONST ZWISCHENDURCH AUS TÜTCHEN KNABBERT, WIRD HIER MIT
SCHOKOLADE VEREDELT UND SCHMECKT DANN GLEICH NOCHMAL SO GUT.

Zutaten für 1 Form

50 g gehäutete Mandeln

30 g Haselnüsse

20 g Cashew-Kerne

15 g Rosinen

20 g getrocknete Cranberries

oder 130 g fertig gemischtes
Studentenfutter

150 g weiße Kuvertüre

150 g Vollmilch-Kuvertüre

besonderes Werkzeug
• Form 22 x 15 cm

Zeitbedarf
• 30 Minuten
• 5 Stunden kühlen

So geht's

1. Den Backofen auf 160 °C (Umluft 180 °C) vorheizen. Die Mandeln,
   Haselnüsse und Cashew-Kerne auf ein mit Backpapier belegtes
   Backblech geben und 10 – 15 Minuten auf mittlerer Schiene im
   Backofen rösten. Herausnehmen und auskühlen lassen.

2. Die Rosinen und Cranberries zu den Nüssen geben und vermengen. Die Kuvertüren hacken und getrennt über dem Wasserbad
   schmelzen und temperieren. Eine Form von 22 x 15 cm mit Frischhaltefolie auslegen und das Studentenfutter hineingeben

3. Die flüssigen Kuvertüren gleichzeitig über das Studentenfutter
   laufen lassen, so dass ein zweifarbiges Muster entsteht. Die Form
   mehrmals auf die Arbeitsfläche stoßen, damit sich die Kuvertüre
   auch in den Zwischenräumen gut verteilt.

4. An einem kühlen Ort 5 Stunden fest werden lassen. Aus der Form
   lösen und die Folie abziehen. Die Studentenfutter-Schokolade in
   Stücke brechen und in Folienbeutel verpackt verschenken.

DIE VARIANTE | ORANGEN-SCHOKOLADE
**50 g weiße Kuvertüre, 125 g Vollmilch-Kuvertüre, 125 g Zartbitter-Kuvertüre, abgeriebene Schaler
von 1 Bio-Orange, einige Tropfen Orangenaroma** Die Kuvertüren hacken, einzeln schmelzen und
temperieren. Die weiße Kuvertüre in einen Spritzbeutel füllen und damit auf zwei Silikonformen für
Tafelschokolade ein Linienmuster spritzen. 15 Minuten fest werden lassen. Den Orangenabrieb auf
die beiden dunklen Kuvertüre-Sorten verteilen und unterrühren. Jeweils einige Tropfen Orangenaroma zufügen. Jede dunkle Kuvertüresorte in eine Silikonform gießen, fest werden lassen.

[a]

SO *gelingt's* SICHER

[a] **KREIS SPRITZEN** Zunächst mit einer ersten Schicht Kuvertüre die Größe des Kreises festlegen. Dann von außen nach innen auffüllen und zur Mitte hin dicker werden. Die Kuvertüre fließt noch ein bisschen, so dass die Lollis später gleichmäßig flach werden.

SCHOKO-LOLLIS
mit Meersalz und Sesam

EIN SCHOKOLADENTRAUM MIT STI(E)L: ZUM KNABBERN, LUTSCHEN
ODER ALS „ZAUBERSTAB" FÜR EINE SCHNELLE HEISSE SCHOKOLADE.

Zutaten für 20 Stück

30 g Sesam

200 g Vollmilch-Kuvertüre

einige Tropfen Sesamöl

1 TL feines Meersalz

besonderes Werkzeug
• 20 Lolli-Spieße

Zeitbedarf
• 45 Minuten
• 1 Stunde kühlen

So geht's

1. Den Sesam in einer beschichteten Pfanne ohne Fett anrösten. Die Kuvertüre hacken, über dem Wasserbad schmelzen und temperieren. Einige Tropfen Sesamöl und ½ TL Meersalz unterrühren.

2. Die Kuvertüre in einen Spritzbeutel füllen und die Spitze mit einer Schere 2 mm abschneiden. Auf einem Bogen Backpapier im Abstand von 8 cm etwa 1 cm große Punkte spritzen.

3. Die Lolli-Spieße in die Kuvertüre drücken und 3 Minuten anziehen lassen. Mit dem Spritzbeutel eine weitere Schicht Kuvertüre auf die Stielenden spritzen, bis die Lollis einen Durchmesser von 4 – 5 cm haben [→a].

4. Die Lollis mit geröstetem Sesam und dem restlichen Meersalz bestreuen. Zum Festwerden an einen kühlen Ort stellen und 1 Stunde auskühlen lassen.

SO SCHMECKT'S AUCH | HEISSE SCHOKOLADE Lassen Sie das Salz und den Sesam weg. Dann kann man mit den Lollis ein Glas heiße Milch im Handumdrehen in eine heiße Schokolade verwandeln. Einfach kräftig rühren!

SCHOKO-PFLAUMEN
mit Marzipanfüllung

DIE KOMBINATION VON MARZIPAN UND ZIMT ERINNERT ZWAR
AN WEIHNACHTEN, SCHMECKT ABER EIGENTLICH DAS GANZE JAHR.

Zutaten für 25 Stück

Für die Füllung

70 g Marzipanrohmasse

1 Msp. Zimt

1 cl Rum

einige Tropfen Walnussöl

25 getrocknete Pflaumen ohne Kern

Für den Überzug

150 g Zartbitter-Kuvertüre

100 g Puderzucker

Zeitbedarf
• 45 Minuten
• 3 Stunden kühlen

So geht's

1. Die Marzipanrohmasse mit Zimt, dem Rum und einigen Tropfen Walnussöl vermengen und glatt kneten.

2. Die Pflaumen etwas aufbiegen und jeweils ein kleines Stück Marzipanmasse in jede Pflaume geben. Dann die Pflaumen wieder vorsichtig zusammendrücken [→a].

3. Die Kuvertüre hacken und in einer Schüssel über dem Wasserbad schmelzen und temperieren. Den Puderzucker in eine Schüssel sieben. Die gefüllten Pflaumen in eine Schüssel geben und mit der geschmolzenen Kuvertüre übergießen. Darin wenden, bis alle Stücke gut mit Kuvertüre überzogen sind. Mit einer (Pralinen-) Gabel herausheben, in gesiebtem Puderzucker wälzen und aushärten lassen.

SO SCHMECKT'S AUCH | FRUCHTVARIATIONEN **Auch getrocknete Datteln oder Aprikosen lassen sich gut füllen und überziehen. Und sehr lecker schmecken getrocknete Apfelringe mit Zartbitter-Kuvertüre umhüllt.**

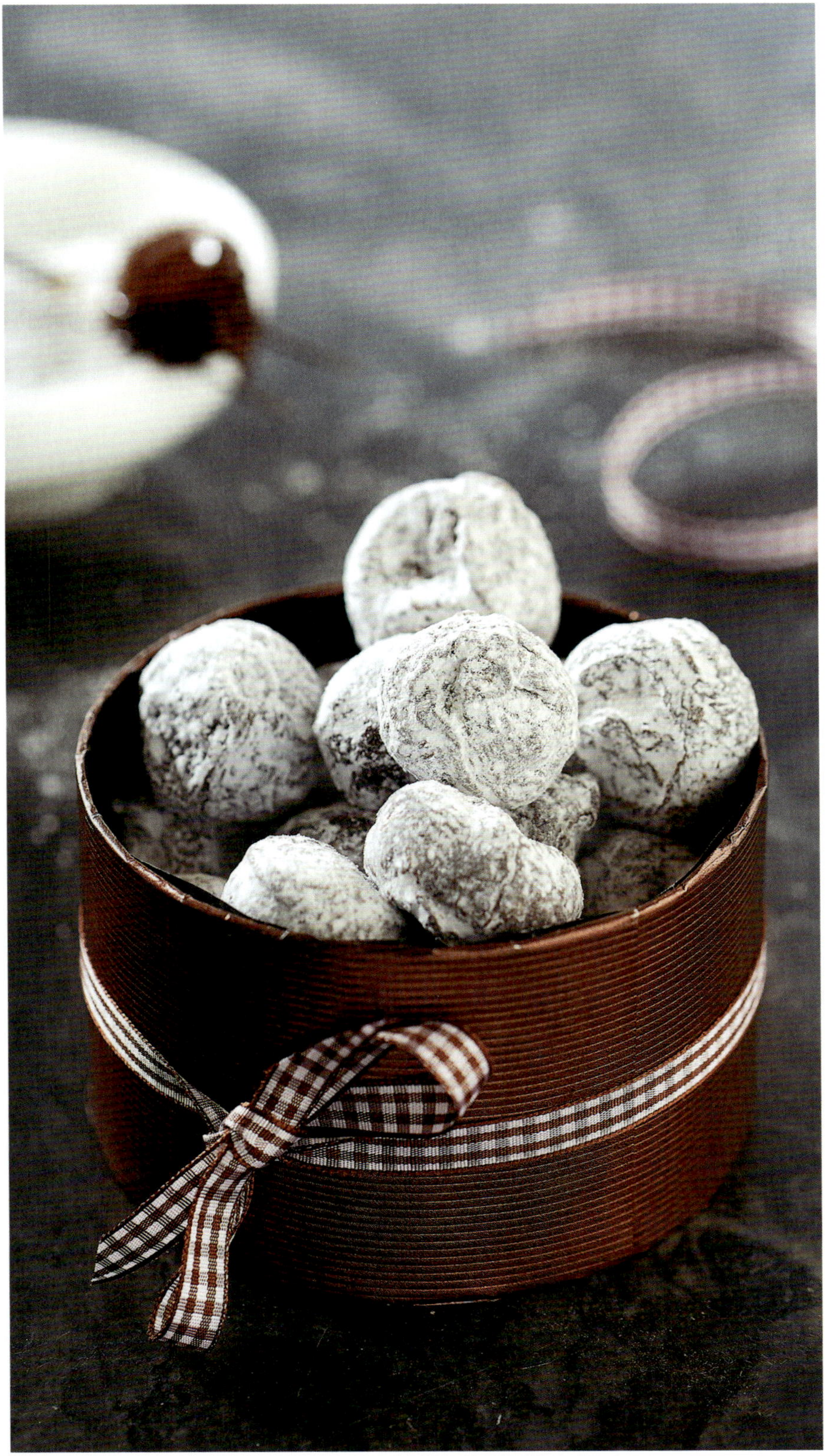

SO *gelingt's* SICHER

[a] PFLAUMEN FÜLLEN Anstatt die Marzipanmasse in die Pflaumen zu füllen, kann man auch die Pflaumen in Streifen schneiden und diese um kleine Stücke der Marzipanmasse herumlegen und gut festdrücken.

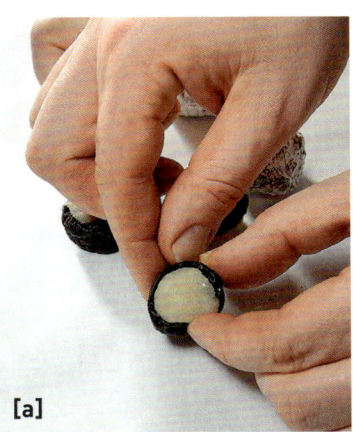

[a]

FEIN UMHÜLLT
Nüsse und Früchte

NÜSSE UND FRÜCHTE HARMONIEREN WUNDERBAR MIT SCHOKOLADE: DIE EINEN BRINGEN DEN RICHTIGEN „KNACK", DIE ANDEREN EINE FRISCHE NOTE.

ERDBEEREN IN SCHOKOLADE

Für 15 Stück: 200 g frische Erdbeeren, 200 g Vollmilch-Kuvertüre, 30 gehackte Pistazien.
So geht's: Die Erdbeeren mit kaltem Wasser abbrausen und gut trocken tupfen. Die Kuvertüre hacken, schmelzen und temperieren. Die Erdbeeren am Stielansatz anfassen und einzeln in die flüssige Kuvertüre tauchen. Auf Backpapier absetzen und mit gehackten Pistazien bestreuen. 1 Stunde fest werden lassen.
So schmeckt's auch: Auch Trauben, Physalis oder Kirschen kann man auf diese Weise mit Kuvertüre überziehen. Leicht gekühlt im Sommer ein Hochgenuss und eine schöne Dekoration für jeden Eisbecher!

PARANÜSSE IN SCHOKOLADE

Für 35 Stück: 200 g Paranüsse, 200 g Zartbitter-Kuvertüre, 100 g Kakaopulver

So geht's: Die Paranüsse in einer Pfanne ohne Fett 3 Minuten rösten und in einer Schüssel auskühlen lassen. Die Kuvertüre hacken und über dem Wasserbad schmelzen und temperieren. Die flüssige Kuvertüre über die Nüsse gießen und die Nüsse in der Kuvertüre so lange wenden, bis alle gleichmäßig davon bedeckt sind. Das Kakaopulver sieben und unterrühren, bis sich die Nüsse voneinander lösen. Die Schokoladennüsse auf Backpapier verteilen und fest werden lassen.

MANDEL-SCHOKO-SPLITTER

Für 30 Stück: 40 g Zucker, 300 g Mandelstifte, 300 g Vollmilch-Kuvertüre

So geht's: Den Backofen auf 190 °C (Umluft 170 °C) vorheizen. Den Zucker mit 1 EL Wasser aufkochen und den Topf vom Herd nehmen. Die Mandelstifte in den Läuterzucker geben und gut umrühren. Die gezuckerten Mandelstifte auf ein mit Backpapier belegtes Backblech geben und gleichmäßig darauf verteilen. Im heißen Backofen 7–8 Minuten goldbraun rösten. Die Mandeln aus dem Backofen nehmen und auskühlen lassen. Die Kuvertüre hacken, über dem Wasserbad schmelzen und temperieren. Die gerösteten Mandeln in die flüssige Kuvertüre rühren. Mit einem Teelöffel kleine Häufchen auf Backpapier setzen und 3 Stunden werden lassen.

NUSS-FRUCHT-BARREN

Für 6 Barren: 150 g Vollmilch-Kuvertüre, 150 g Zartbitter-Kuvertüre, 80 g Walnüsse, 6 getrocknete Feigen, 30 g Orangeat, 2 EL Grand Marnier, ½ TL Nelken- und Zimtpulver, ½ TL geriebene Muskatnuss

So geht's: Beide Kuvertüren zusammen über dem Wasserbad schmelzen und temperieren. Walnüsse und Feigen grob hacken, zusammen mit dem Orangeat unter die flüssige Kuvertüre mischen. Grand Marnier und die Gewürze unterrühren und die Masse in Silikonförmchen mit 10 x 6 cm füllen. Für 3 Stunden in den Kühlschrank stellen und fest werden lassen. Aus den Formen lösen und einzeln verpacken.

[a]

[b]

SO gelingt's SICHER

....

[a] TUPFEN Die Tupfen sollten möglichst gleichmäßig groß sein, damit die Herzchenkette später besonders schön wird.

[b] HERZEN Den Zahnstocher so tief in die Kuvertüre tauchen, dass er das Backpapier berührt, und dann gleichmäßig durch die Schokolade ziehen.

HERZCHENKETTE
schwarz-weiß

AUS SCHOKOLADE KANN MAN GANZ EINFACH HÜBSCHE DEKORATIONEN SELBST HERSTELLEN. UND AUCH KUVERTÜREReste LASSEN SICH SO PRIMA VERWERTEN.

Zutaten für 10 Stück

50 g weiße Kuvertüre

50 g Zartbitter-Kuvertüre

besonderes Werkzeug
• kleine Spritzbeutel (S. 22)
• Zahnstocher

Zeitbedarf
• 20 Minuten
• 3 Stunden kühlen

So geht's

1. Die beiden Kuvertüresorten hacken und einzeln über dem Wasser-bad schmelzen und temperieren. Die flüssigen Kuvertüren in kleine Spritzbeutel füllen.

2. Auf einem Backpapier mit der dunklen Kuvertüre kleine Tupfen-reihen von maximal 0,5 cm Durchmesser spritzen. Dabei jeweils einen Abstand von 0,5 cm lassen.

3. Nun mit der weißen Kuvertüre die Zwischenräume mit ebenfalls 0,5 cm großen Tupfen füllen [→a].

4. Mit einem Zahnstocher einmal von oben nach unten durch die Tupfenreihe fahren und die Tupfen zu Herzen ausziehen [→b].

5. An einem kühlen Platz ca. 3 Stunden gut aushärten lassen.

SCHMELZEN | IN DER MIKROWELLE Kleinere Mengen Kuvertüre kann man auch in der Mikrowelle schmelzen. Die gehackte Kuvertüre in einem mikrowellenfesten Gefäß bei maximal 500 – 600 Watt 30 Sekunden erhitzen. Herausnehmen, die Kuvertüre umrühren und weitere 30 Sekunden erhitzen. Den Vorgang so lange wiederholen, bis die Kuvertüre vollständig geschmolzen ist. Temperatur prüfen und ggf. durch Zugabe von gehackter Kuvertüre senken.

STÜCK FÜR STÜCK

Trüffel, Pralinen & Konfekt

DIESE KLEINEN FEINEN STÜCKE GELTEN ALS
KRÖNUNG DER CHOCOLATIERSKUNST, SIND ABER
GAR NICHT SO SCHWER HERZUSTELLEN. BEEIN-
DRUCKEN SIE FAMILIE UND FREUNDE MIT DIESEN
SELBST GEMACHTEN ÜBERRASCHUNGEN.

KAFFEE-TRÜFFEL
mit Balsamcio

DIESE TRÜFFEL ENTFALTEN IHREN GESCHMACK BESONDERS GUT,
WENN SIE SIE MIT 20 JAHRE ALTEM BALSAMICO ZUBEREITEN.

Zutaten für 30 Stück

Für die Trüffel

200 g Zartbitter-Kuvertüre

50 g Vollmilch-Kuvertüre

120 g Sahne

30 g Butter

50 ml Aceto balsamico
(beste Qualität)

30 ml kalter Espresso

Für den Überzug

400 g Zartbitter-Kuvertüre

besonderes Werkzeug
• Pralinengabel
• Trüffelgitter

Zeitbedarf
• 60 Minuten
• 6 Stunden kühlen

So geht's

1. Für die Trüffel beide Kuvertüresorten hacken. Die Sahne in einem Topf einmal aufkochen und vom Herd nehmen. Die gehackten Kuvertüren in die Sahne geben und unter Rühren schmelzen.

2. Die weiche Butter, Aceto balsamico und Espresso zur Kuvertüre-Sahne-Mischung geben und unterrühren, bis eine homogene, glänzende Masse entsteht. Die Trüffelmasse 3 Stunden kühlen.

3. Aus der Trüffelmasse zwischen den Händen ca. 30 kleine Kugeln formen und auf Backpapier eine weitere Stunde kühl stellen. Die Kuvertüre für den Überzug hacken, schmelzen und temperieren.

4. Mit einer Pralinengabel die Trüffel in die flüssige Kuvertüre tauchen, herausheben, gut abschütteln und am Schüsselrand die überschüssige Kuvertüre abstreifen. Die Trüffel über ein Trüffelgitter rollen [→a].

5. Die fertigen Trüffel auf Backpapier setzen und in etwa 2 Stunden fest werden lassen.

HÜBSCH VERPACKT | KLEIN UND FEIN Es muss nicht immer gleich eine ganze Packung Pralinen sein. Ein einzelner edler Trüffel in einer schönen kleinen Schachtel mit passenden Bändern kommt genauso von Herzen.

[a]

SO *gelingt's* SICHER

[a] TRÜFFELSPITZEN Rollen Sie die Trüffel mithilfe der Pralinengabel richtig schwungvoll über das Pralinengitter, bis die Kuvertüre langsam fest wird und die typischen Spitzen bekommt. Ein Bogen Backpapier unter dem Trüffelgitter verhindert dabei größere Kleckereien auf der Arbeitsfläche.

KARAMELL-TRÜFFEL
mit braunem Rum

DIESE RAFFINIERTE KOMPOSITION ÜBERRASCHT MIT EINER
GOLDENEN FÜLLUNG IN DER SCHOKOLADIGEN HÜLLE.

Zutaten für 25 Stück

Für den Karamell

40 g Zucker

40 g Sahne

Für die Trüffel

85 g Sahne

200 g Zartbitter-Kuvertüre

25 ml Rum

Für den Überzug

200 g Zartbitter-Kuvertüre

125 g Kakaopulver

Zeitbedarf
- 60 Minuten
- 3 Stunden kühlen

So geht's

1. Den Zucker und die Sahne in einem Topf aufkochen. 5 Minuten bei mittlerer Hitze weiterkochen, bis ein cremiger Karamell entsteht. Den Karamell auf ein mit Backpapier belegtes Backblech gießen und für 1 Stunde kühl stellen.

2. Für die Trüffel die Sahne einmal aufkochen und den Topf vom Herd ziehen. Die Kuvertüre fein hacken, in die heiße Sahne geben und unter Rühren schmelzen. Den Rum hinzufügen und gut unterrühren. Die Trüffelmasse in eine Schüssel umfüllen und den vorbereiteten Karamell untermischen. Die Masse für 2 Stunden kühlen.

3. Die Zartbitter-Kuvertüre für den Überzug in einer Schüssel über dem Wasserbad schmelzen und temperieren. Das Kakaopulver in eine flache Schale sieben.

4. Aus der Trüffelmasse mit den Händen ca. 25 Kugeln formen und auf ein mit Backpapier belegtes Backblech legen. Für weitere 15 Minuten kalt stellen. Die gekühlten Trüffelkugeln einzeln in der flüssigen Kuvertüre wenden und in Kakaopulver wälzen, bis sie ganz umhüllt sind. Auf Backpapier setzen und mindestens 1 Stunde an einem kühlen Ort fest werden lassen.

VANILLE-TRÜFFEL
mit Kürbiskern-Öl

DIESE FEINEN STÜCKCHEN VERBINDEN DEN EDLEN SCHMELZ EINES TRÜFFELS MIT DEM HERZHAFTEN GESCHMACK VON KÜRBISKERN-ÖL.

Zutaten für 25 Stück

Für die Trüffel

250 g Vollmilch-Kuvertüre

1 Vanilleschote

85 g Sahne

25 g Butter

2 EL Kürbiskern-Öl

Für den Überzug

200 g Zartbitter-Kuvertüre

100 g Puderzucker

besonderes Werkzeug
• Spritzbeutel mit Lochtülle

Zeitbedarf
• 60 Minuten
• 6 Stunden Kühlzeit

So geht's

1. Die Vollmilch-Kuvertüre in Stücke hacken. Die Vanilleschote längs aufschlitzen und das Mark herauskratzen. Die Sahne mit dem Vanillemark einmal aufkochen und den Topf vom Herd nehmen. Die Butter in der heißen Sahne schmelzen und die Kuvertüre unterrühren, bis auch diese geschmolzen ist. Das Kürbiskern-Öl hinzufügen, untermischen und die Masse bei Zimmertemperatur 4 Stunden fest werden lassen.

2. Die Trüffelmasse mit einem Rührgerät 3 Minuten cremig aufschlagen. Ein Backblech mit Backpapier auslegen. Die Trüffelmasse in einen Spritzbeutel füllen und 25 etwa 2 cm große Tupfen auf das Backpapier spritzen. Die Tupfen für 2 Stunden kühl stellen.

3. Die Zartbitter-Kuvertüre für den Überzug hacken, über dem Wasserbad schmelzen und temperieren. Den Puderzucker in eine Schüssel sieben. Die Trüffeltupfen in der Kuvertüre wenden, bis sie rundum damit überzogen sind, und anschließend sofort behutsam in Puderzucker wälzen. Die fertigen Trüffel auf Backpapier setzen und fest werden lassen.

HÜBSCH DEKORIERT | KRÖNCHEN Die niedlichen kleinen Krönchen kann man zwar nicht mitessen, sie sehen dafür aber besonders edel aus. Sie stammen aus dem Bastelbedarf und es lohnt sich wirklich, sich dort einmal umzuschauen und für Deko und Verpackung inspirieren zu lassen.

TRÜFFEL-VARIATIONEN
für jeden Geschmack

MUSKAT-TRÜFFEL

Für 20 Stück: 100 g Sahne, 25 g Glukose, 50 g Butter, ½ TL gemahlene Muskatnuss, 100 g Zartbitter-Kuvertüre, 300 g Vollmilch-Kuvertüre, 90 g Puderzucker, 10 g Maisstärke

So geht's: Sahne mit Glukose und Butter aufkochen. Muskatnuss einrühren. Zartbitter- und 100 g Vollmilch-Kuvertüre hacken, schmelzen und zur Sahne geben. 3 Stunden bei Zimmertemperatur ruhen lassen. Trüffelmasse mit dem Handrührgerät cremig schlagen und mit den Händen kleine Kugeln formen. Auf Backpapier setzen und 2 Stunden kühlen. Puderzucker sieben und mit Maisstärke mischen. Trüffel in der Hand mit 200 g geschmolzener Vollmilch-Kuvertüre überziehen. In der Puderzucker-Stärke-Mischung wälzen.

BUTTER-TRÜFFEL MIT FLEUR DE SEL

Für 30 Stück: 75 g Sahne, 25 g Zucker, Mark von 1 Vanilleschote, 125 g Butter, 500 g Zartbitter-Kuvertüre, 100 g Vollmilch-Kuvertüre, 3 g Fleur de Sel

So geht's: Sahne mit Zucker, Vanillemark und Butter in einem Topf aufkochen. 100 g Zartbitter- und die Vollmilch-Kuvertüre hacken, schmelzen, zur Sahne geben und unterrühren. 4 Stunden bei Zimmertemperatur ruhen lassen, dann mit dem Handrührgerät cremig schlagen. Fleur de Sel unterrühren und 3 Stunden kühlen. Übrige Zartbitter-Kuvertüre schmelzen und temperieren. Aus der Masse kleine Kugeln formen, einzeln in die Kuvertüre tauchen und über ein Trüffelgitter rollen.

KOKOS-TRÜFFEL MIT LIMETTENSAFT

Für 30 Stück: 160 g Kokosraspeln, 100 g Kokosmilch, 400 g weiße Kuvertüre, 60 g Butter, 1 cl Kokoslikör, Abrieb einer Limette

So geht's: 30 g Kokosraspeln ohne Fett goldbraun rösten, zur Kokosmilch geben und aufkochen. 200 g weiße Kuvertüre hacken, mit der Butter in der heißen Kokosmilch schmelzen. Kokoslikör und Limettenabrieb zufügen. 3 Stunden kühl stellen. Aus der Trüffelmasse zwischen den Händen kleine Kugeln formen und 30 Minuten kühl stellen. Restliche weiße Kuvertüre schmelzen und temperieren. Trüffel in die Kuvertüre tauchen. In den restlichen Kokosraspeln wälzen.

ZITRONENGRAS-ROSMARIN-TRÜFFEL

Für 30 Stück: 1 EL Olivenöl, 1 Stange Zitronengras, 2 Stängel Rosmarin, 100 g Sahne, 200 g Vollmilch-Kuvertüre, 80 g Butter, 200 g weiße Kuvertüre, 120 g gehackte Pistazien

So geht's: Olivenöl in einem Topf erhitzen. Zitronengras in dünne Scheiben schneiden und mit Rosmarin zum Olivenöl geben, 1 Minute anschwitzen. Sahne zufügen, aufkochen lassen und durch ein Sieb in einen anderen Topf gießen. Vollmilch-Kuvertüre hacken und in der Sahne schmelzen. 3 Stunden abkühlen lassen. Zimmerwarme Butter schaumig schlagen und unter die Masse rühren. Trüffelmasse mit einem Spritzbeutel als Tupfen auf Backpapier spritzen. 2 Stunden kühlen. Trüffel in der Hand mit flüssiger weißer Kuvertüre überziehen und in gehackten Pistazien wälzen.

LÖFFEL-PRALINE
mit irischem Creme-Likör

MIT LIEBE ZUBEREITET UND BESONDERS SCHÖN SERVIERT, SCHMECKT DIE CREMIGE TRÜFFELMASSE „MIT SCHUSS" WUNDERBAR ZU EINER TASSE STARKEM ESPRESSO.

Zutaten für 4 Stück

Für die Terrine

650 g Zartbitter-Kuvertüre

60 g Butter

60 ml Creme-Likör (z. B. Baileys)

325 ml Sahne

Für die Glasur

180 g Zartbitter-Kuvertüre

120 g Butter

3 EL Ahornsirup

30 g Mandelstifte

besonderes Werkzeug
• Spritzbeutel
• 4 Papierförmchen 9 x 5 cm

Zeitbedarf
• 30 Minuten
• 2,5 Stunden kühlen

So geht's

1. Für die Terrine Zartbitter-Kuvertüre mit der Butter über dem Wasserbad schmelzen. Den Likör hinzufügen und unterrühren. Die Masse 20 Minuten auskühlen lassen.

2. Die Sahne mit dem Handmixer steif schlagen und unter die Schokoladenmasse heben. Die Trüffelmasse in einen Spritzbeutel füllen. Die Papierförmchen aufstellen und die Trüffelmasse hineinspritzen. Für 2 Stunden kühl stellen.

3. Für die Glasur die Kuvertüre mit der Butter und dem Ahornsirup über dem Wasserbad schmelzen. Währenddessen die Mandelstifte in einer Pfanne ohne Fett goldbraun rösten. Die Terrine in den Formen mit der Schokoladenglasur überziehen und mit gerösteten Mandelstiften bestreuen.

HÜBSCH VERPACKT | PAPIERFÖRMCHEN Wunderschöne Papierförmchen in vielen Farben und Formen und mit den unterschiedlichsten Dekoren finden Sie im Internet unter Backzubehör oder auch bei Anbietern von ausgefallenen Verpackungsmaterialien.

SO *gelingt's* SICHER

[a] ÜBERZIEHEN Die Karamell-Rauten mithilfe einer Pralinengabel ganz in die flüssige Kuvertüre eintauchen, herausheben und etwas abtropfen lassen. Überschüssige Kuvertüre am Schüsselrand abstreifen, damit kein großer Sockel entsteht.

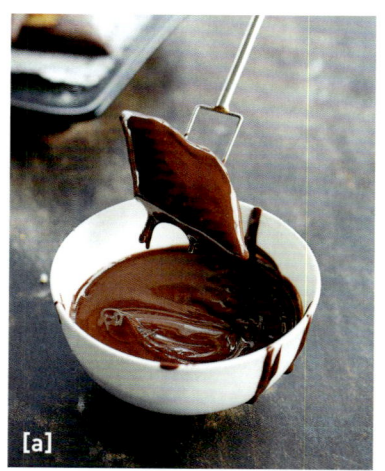

[a]

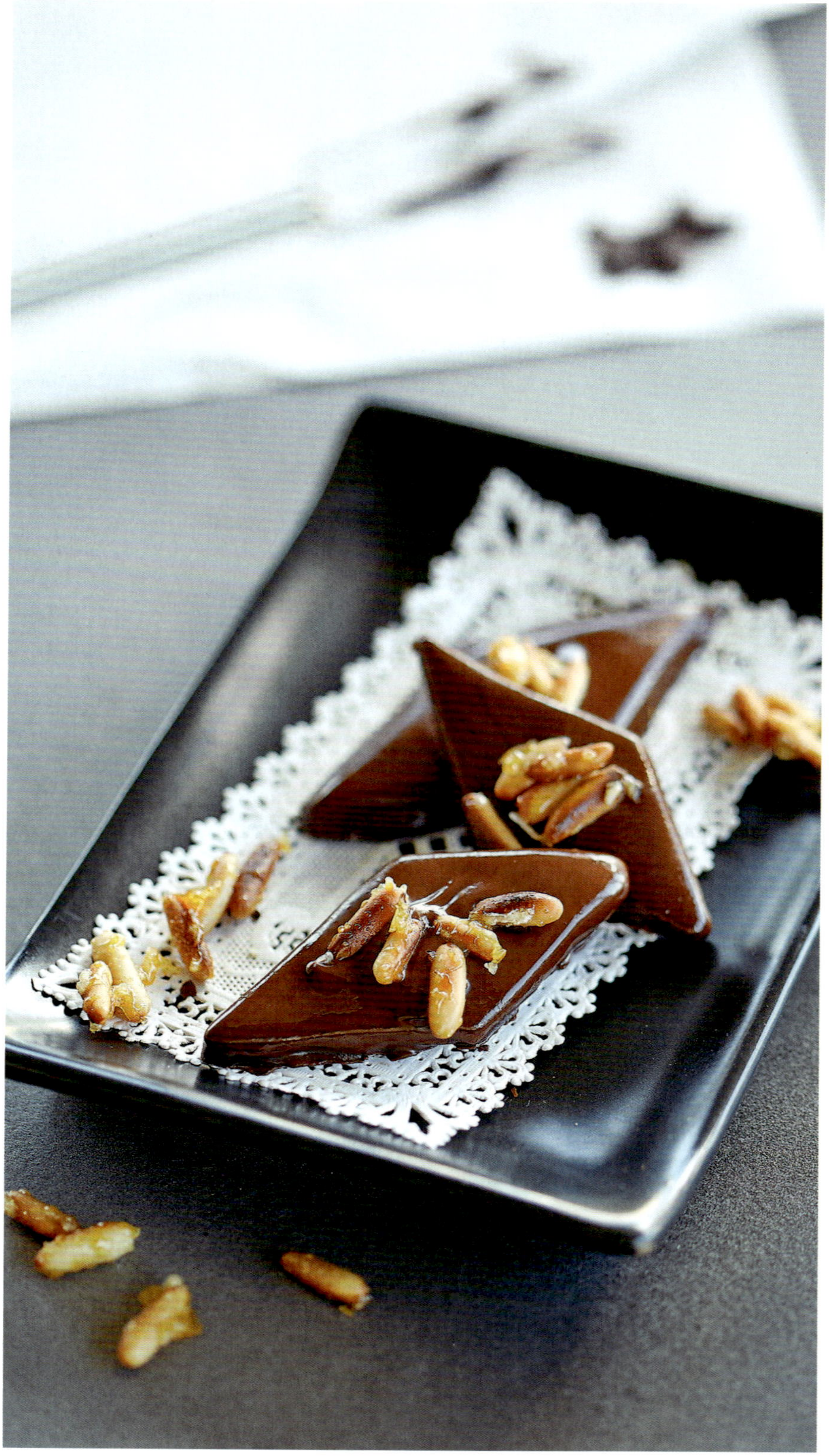

KARAMELL-RAUTEN
mit Pinienkernen

FÜR ALLE, DIE ES GERNE KNACKIG MÖGEN, IST DIESES KONFEKT AUS
KARAMELL UND GERÖSTETEN PINIENKERNEN GENAU DAS RICHTIGE.

Zutaten für 20 Stück

Für den Karamell

250 g Sahne

250 g Zucker

15 g Glukosesirup

Für den Überzug

20 g Pinienkerne

20 g Zucker

300 g Zartbitter-Kuvertüre

Zeitbedarf

- 30 Minuten
- 3 Stunden Kühlzeit

So geht's

1. Für den Karamell die Sahne mit dem Zucker und dem Glukosesirup aufkochen und 10 Minuten bei mittlerer Hitze leise köcheln
lassen. Der Karamell sollte dabei bernsteinfarben werden.

2. Den flüssigen Karamell auf ein mit Backpapier ausgelegtes Backblech gießen und erstarren lassen. Aus dem Karamell Rauten von
2,5 cm Kantenlänge schneiden.

3. Die Pinienkerne in einer beschichteten Pfanne ohne Fett 4 Minuten goldbraun rösten, mit dem Zucker bestreuen und den Zucker
karamellisieren lassen. Die karamellisierten Kerne auf einen Teller geben und auskühlen lassen.

4. Für den Überzug die Kuvertüre hacken und über dem Wasserbad
schmelzen und temperieren. Die Karamell-Rauten mit der flüssigen Kuvertüre überziehen [→a]. Auf Backpapier absetzen und
5 Minuten anziehen lassen. Jedes Dreieck mit ein paar karamellisierten Pinienkernen garnieren und die Kuvertüre an einem kühlen Ort ganz aushärten lassen.

HÜBSCH VERPACKT | EDLES GESCHIRR Überreichen Sie Ihre selbst gemachten Pralinen auf
einem besonderen, ausgefallenen Geschirrstück mit Tortenspitze darunter – es gehört dann gleich
mit zum Geschenk.

GUT KOMBINIERT
Das passt zu Schokolade

DER GESCHMACK VON SCHOKOLADE HARMONIERT MIT ERSTAUNLICH
VIELEN AROMEN: FRUCHTIG UND NUSSIG, SOGAR SCHARF UND SALZIG.
TRAUEN SIE SICH, MIT AROMEN ZU EXPERIMENTIEREN!

KLASSISCH

Die Kombination aus Chili und Schokolade ist
ein Klassiker der Patisserie. Verwenden Sie
Chilipulver oder Chiliflocken, um der Schokolade eine dezente Schärfe zu verleihen. Ein an-
ders scharfes Spiel der Aromen entsteht beim
Gebrauch von Pfeffer. Versuchen Sie unterschiedliche Pfeffer Sorten, wie z.B. chinesische
Sichuan-Pfeffer. Damit die rotbraunen Beeren
ihr ganzes Aroma entfalten, empfehle ich, diese
vor der Verwendung in einer beschichteten
Pfanne ohne Fett anzurösten.

Auch Gewürze verleihen Schokolade, Prali-
nen und Kuchen eine besondere Note. Vanille,
Zimt und Sternanis sind, auch außerhalb der
Weihnachtszeit, beliebte Begleiter. Sehr gut zu
Schokolade passen auch Kardamom, Paprika,
Safran, Minze, Salbei, Ingwer, Anis, Thymian
und Rosmarin.

FRUCHTIG

Wer es lieber fruchtig mag, dem steht die
ganze Welt der Früchte offen. Besonders geeignet sind getrocknete oder kandierte Sorten.
Rosinen und Amarenakirschen sind die. Schalen von Zitrusfrüchten (Orangen, Zitronen)
harmonieren mit dunkler Schokolade. Feigen,
Pflaumen, getrocknete Äpfel, Cranberries,
kandierte Ananas oder Mango verleihen ein
Hauch Exotik. Marmeladen, Konfitüren und
Gelees geben Schokoladenkuchen und -torten
das fruchtige Etwas.

NUSSIG

Nussfüllungen sind sehr beliebt und als Marzipan, Persipan oder Nougat kennt Sie jeder. Doch die Vielfalt der Nüsse, Samen und Kerne ist noch viel größer. Und im Ganzen oder nur grob zerkleinert verwendet, ergänzen sich der Schmelz der Schokolade mit dem Biss der Kerne ganz fantastisch. Rösten intensiviert das Aroma und durch Mandeln, Haselnüsse, Walnüsse, Erdnüsse, Paranüsse, Pistazien, Kürbiskerne, Pinienkerne, Sesam oder Kokos bekommen Ihre Schokokreationen den richtigen Biss. Die Kombination von Nüssen und Früchten ist auch sehr beliebt. Lassen Sie sich von einer Kokosnuss-Mango-Variante überzeugen.

ALKOHOLISCH

Schokolade kann wunderbar mit ein paar Tropfen Alkohol aromatisiert werden. Durch die Zugabe von süßen Likören oder klassischen alkoholischen Getränken entstehen herrliche Rezeptideen. Mit Whisky, Rum, Baileys, Batida de Coco, Kahlua, Grand Marnier, Cassis-Likör oder auch Champagner liegen Sie richtig. An die Menge sollte man sich langsam herantasten, bis das Ergebnis einem selbst am besten schmeckt.

AUSGEFALLEN

Trauen Sie sich auch mal an ausgefallene Kombinationen! Haben Sie schon mal versucht, Ihre Lieblingsschokolade mit kalt gepresstem Olivenöl zu aromatisieren? Oder richtig altem Balsamico-Essig? Nur zu, es ist köstlich. Ich liebe es besonders, Schokolade mit unterschiedlichen Salzen zu verfeinern. Probieren Sie schwarzes Vulkan-Salz, rosa Himalaya-Salz oder ein aromatisiertes Zitronen-Salz.

MARZIPAN-KONFEKT
mit Orange und Chili

DIESES KONFEKT SORGT FÜR EINE KLEINE GESCHMACKSEXPLOSION IM MUND: FRUCHTIG-FRISCHE ORANGE TRIFFT AUF FEURIGE-WARME CHILI.

Zutaten für 30 Stück

Für die Marzipanmasse

1 Bio-Orange

200 g Marzipanrohmasse

100 g Puderzucker

etwas Puderzucker zum Ausrollen

½ TL Chilipulver oder Cayennepfeffer

1 TL Orangenlikör

Für den Überzug

200 g Zartbitter-Kuvertüre

besonderes Werkzeug
• Pralinengabel

Zeitbedarf
• 45 Minuten

So geht's

1. Die Orange heiß abwaschen, trocken tupfen und die Schale fein abreiben. Marzipanrohmasse, Puderzucker und Chilipulver oder Cayennepfeffer gut miteinander verkneten. Orangenabrieb und Orangenlikör hinzufügen und das Marzipan glatt kneten.

2. Die Arbeitsfläche mit Puderzucker bestreuen und das Marzipan 1,5 cm dick ausrollen. Mit einem scharfen Messer in ca. 30 Würfel mit 1,5 cm Kantenlänge schneiden.

3. Für den Überzug die Kuvertüre hacken, über einem Wasserbad schmelzen und temperieren. Die Würfel mit einer Pralinengabel ½ cm tief in die flüssige Kuvertüre tauchen, gut abtropfen lassen und die überschüssige Kuvertüre am Schüsselrand abstreifen. Zum Festwerden auf Backpapier setzen.

DIE VARIANTE | ZITRONEN-INGWER-MARZIPAN
200 g Marzipanrohmasse, 100 g Puderzucker und etwas mehr zum Ausrollen, Abrieb von 1 Bio-Zitrone, 1 cm Ingwer, 200 g weiße Kuvertüre Marzipanrohmasse und Puderzucker verkneten, Zitronenabrieb hinzufügen und untermengen. Ingwerknolle fein reiben, das Fruchtfleisch durch ein feines Sieb streichen und den Saft in die Marzipanmasse kneten. Puderzucker auf der Arbeitsfläche ausstreuen, Marzipan 1,5 cm dick ausrollen und in Würfel schneiden. Kuvertüre fein hacken, schmelzen und temperieren. Marzipanwürfel ½ cm tief in die Kuvertüre tauchen und auf Backpapier absetzen.

[a]

so *gelingt's* SICHER

....

[a] ROSETTE SPRITZEN Die Konfekt-masse mit gleichmäßigem Druck und ohne abzusetzen in die Förmchen spritzen. Dabei eine Spirale von außen nach innen und oben ziehen.

SCHOKO-KONFEKT
mit Lavendel

EINE GERADEZU HIMMLISCHE VERFÜHRUNG: DIE CREMIGE KONFEKT-MASSE SCHMILZT SANFT IM MUND UND GIBT DABEI IHR DUFTIGES LAVENDEL-AROMA FREI.

Zutaten für 30 Stück

125 g Sahne

1 TL getrocknete Lavendelblüten

etwas Sahne zum Auffüllen

250 g Zartbitter-Kuvertüre

20 g Honig

60 g Butter

einige Lavendelblüten zum Dekorieren

besonderes Werkzeug
• Spritzbeutel mit Sterntülle
• 30 Pralinenförmchen aus Papier

Zeitbedarf
• 60 Minuten
• 4 Stunden kühlen
• über Nacht ziehen lassen

So geht's

1. Die Sahne zusammen mit den Lavendelblüten in einem Topf aufkochen und über Nacht im Kühlschrank ziehen lassen. Am nächsten Tag die Sahne durch ein Sieb abgießen und die Menge wieder auf 125 g auffüllen.

2. Lavendelsahne zusammen mit Honig und Butter in einem Topf aufkochen und vom Herd ziehen. Die Kuvertüre fein hacken, zur Sahne geben und unter Rühren schmelzen. Die Masse in eine Schüssel füllen und 4 Stunden auskühlen lassen.

3. Mit den Quirlen des Handrührgeräts die Sahne-Kuvertüre-Mischung 3 Minuten cremig aufschlagen. Die Konfektmasse in einen Spritzbeutel mit Sterntülle füllen. Die Pralinenförmchen nebeneinander auf ein Backblech stellen, die Konfektmasse rosettenförmig hineinspritzen [→a] und mit einigen Lavendelblüten dekorieren. Bis zum Servieren kühl aufbewahren.

DIE VARIANTE | MARZIPAN-CASSIS-KONFEKT
400 g Marzipanrohmasse, 200 g Puderzucker und etwas mehr zum Ausrollen, 3 cl Cassis-Likör, 400 g Zartbitter-Kuvertüre, 100 g weiße Kuvertüre Marzipan mit Puderzucker und Cassis verkneten. Marzipanmasse auf etwas Puderzucker 1 cm dick ausrollen und Kreise mit 3 cm Durchmesser ausstechen. Kuvertüren einzeln schmelzen und temperieren. Marzipankreise in die geschmolzene dunkle Kuvertüre tauchen und auf Backpapier absetzen. Mithilfe eines Spritzbeutels mit der flüssigen weißen Kuvertüre ein Linienmuster auf die Konfektkreise spritzen (im Bild vorne).

CANACHE-DREIECKE
mit Minze

DASS SCHOKOLADE UND MINZE EINE ANREGENDE MISCHUNG SIND, WISSEN WIR SPÄTESTENS, SEITDEM DIE BRITEN DIESE KOMBINATION GERNE „NACH ACHT" GENIESSEN.

Zutaten für 25 Stück

Für die Canache

110 g Sahne

10 g Glukose

8 Blätter Minze

150 g Vollmilch-Kuvertüre

75 g Zartbitter-Kuvertüre

Für den Überzug

400 g Zartbitter-Kuvertüre

besonderes Werkzeug
- Stabmixer
- Form 15 x 20 cm
- Pralinengabel

Zeitbedarf
- 60 Minuten
- 5 Stunden kühlen
- über Nacht ziehen lassen

So geht's

1. Die Sahne zusammen mit der Glukose aufkochen und vom Herd nehmen. Die Minze in feine Streifen schneiden und zu der Sahne geben. Mit einem Stabmixer 1 Minute auf höchster Stufe mixen und über Nacht im Kühlschrank ziehen lassen. Am nächsten Tag die Sahne durch ein Sieb passieren.

2. Beide Kuvertüren hacken, gemeinsam über einem Wasserbad schmelzen und temperieren. Die Sahne erneut aufkochen und in die temperierte Kuvertüre einrühren. So lange rühren, bis eine homogene glänzende Masse entsteht.

3. Eine ca. 15 x 20 cm große Form mit Backpapier auslegen und die Canachemasse einfüllen. Die Form 5 Stunden kühlen, bis die Masse fest geworden ist.

4. Die Masse soll nach dieser Zeit fest und trotzdem biegsam sein. Der Profi spricht dann von einer „speckigen Canache". Zum Schneiden die Canache aus der Form lösen und mit einem Messer in längliche Dreiecke mit etwa 2,5 cm Kantenlänge schneiden. Dabei das Messer zwischendurch immer wieder in heißes Wasser eintauchen und trocken reiben. So bleibt die Canache beim Schneiden nicht am Messer haften.

5. Für den Überzug die Zartbitter-Kuvertüre hacken, über einem Wasserbad schmelzen und temperieren. Die Canache-Dreiecke mit einer Pralinengabel in die flüssige Kuvertüre tauchen, die überschüssige Kuvertüre am Schüsselrand abstreifen und die überzogenen Dreiecke auf Backpapier setzen. Die Kuvertüre fest werden lassen.

ANANAS-CANACHE
mit Ingwer

HIER VERBINDET SICH DIE SCHOKOLADE MIT WEITEREN AROMEN
AUS IHRER TROPISCHEN HEIMAT: ANANAS UND INGWER SORGEN
FÜR EIN EXOTISCHES GESCHMACKSERLEBNIS.

Zutaten für 20 Stück

Für die Canache

1,5 cm Ingwer

100 g Sahne

etwas Sahne zum Auffüllen

200 g Zartbitter-Kuvertüre

20 g Honig

30 g Butter

Für den Überzug

400 g Zartbitter-Kuvertüre

50 g kandierte Ananas

besonderes Werkzeug
• Form 15 x 20 cm
• Pralinengabel

Zeitbedarf
• 60 Minuten
• 4 Stunden kühlen
• über Nacht ziehen lassen

So geht's

1. Den Ingwer schälen und fein reiben. Die Sahne mit dem Ingwer in einem Topf einmal aufkochen, vom Herd nehmen und über Nacht im Kühlschrank ziehen lassen. Am nächsten Tag die Sahne durch ein feines Sieb geben und wieder auf 100 g auffüllen.

2. Die Zartbitter-Kuvertüre für die Canache hacken. Ingwersahne aufkochen, vom Herd ziehen und Honig und gehackte Kuvertüre darin auflösen. Die Butter in die Masse rühren, bis die Masse glatt ist. Eine ca. 15 x 30 cm große Form mit Backpapier auslegen, die Canachemasse einfüllen und 4 Stunden kühl stellen.

3. Die Kuvertüre für den Überzug hacken und über einem Wasserbad schmelzen und temperieren. Die kandierte Ananas in winzige Stücke schneiden.

4. Die Canache aus der Form lösen und in gleichmäßige Dreiecke mit ca. 2,5 cm Kantenlänge schneiden. Die Dreiecke mit einer Pralinengabel einzeln in die Kuvertüre tauchen. Überschüssige Kuvertüre am Rand abstreifen und die überzogenen Dreiecke auf Backpapier absetzen. Mit kandierten Ananasstücken verzieren und fest werden lassen.

KLEIN & FEIN
Schokoladiges Minigebäck

DIESE KLEINEN SCHOKO-SCHÄTZCHEN SIND IN
ALLER MUNDE: CUPCAKES, ECLAIRS, BROWNIES
UND KEKSE MACHEN SICH PRIMA ALS MITBRING-
SEL FÜR DIE EINLADUNG ZUM KAFFEEKLATSCH
UND SCHMECKEN IN IHRER SCHOKOLADIGEN
VARIANTE GLEICH NOCHMAL SO GUT.

SO *gelingt's* SICHER

....

[a] LOCH STECHEN Die spitzen Zacken der kleinen Sterntülle stechen ein Stück vom Teig heraus, so dass man die Eclairs gut füllen kann. Das Loch wird später durch die Glasur wieder verschlossen.

[b] FÜLLEN Die Kaffeecreme langsam in die Eclairs einspritzen, so dass sie sich gleichmäßig im Inneren verteilen kann. Spritz man zu schnell, quillt die Creme sofort wieder aus dem Loch heraus.

ECLAIRS
mit Kaffeecreme

DIE KLASSIKER AUS FRANKREICH WERDEN MIT EINER LUFTIGEN KAFFEECREME GEFÜLLT UND MIT SCHOKOLADE GLASIERT. WAS PASST BESSER ZUM CAFÉ AU LAIT?

Zutaten für 10 Stück

Für die Eclairs

120 g Butter

125 g Mehl

5 Eier

Für die Crème

180 g Zucker

2 EL Instantkaffee

3 Eiweiß

Für die Glasur

100 g Vollmilch-Kuvertüre

besonderes Werkzeug

- Spritzbeutel mit großer Lochtülle
- kleine Sterntülle

Zeitbedarf

- 45 Minuten
- 25 Minuten backen

So geht's

1. Den Backofen auf 180 °C (Umluft 160 °C) vorheizen. 250 ml Wasser mit der Butter in einem Topf aufkochen lassen. Das Mehl sieben und auf einmal in die kochende Flüssigkeit geben, dabei ständig rühren.

2. Den Teig bei mittlerer Hitze weiterrühren, bis die Masse glatt ist, sich ein Kloß bildet und der Topfboden von einer weißen Haut überzogen ist. Den Teig dann in eine Rührschüssel umfüllen und etwas abkühlen lassen. Mit einem Handrührgerät nach und nach die Eier einzeln unterrühren.

3. Den Teig in einen Spritzbeutel mit großer Lochtülle füllen. Auf ein mit Backpapier belegtes Backblech Streifen von 6–8 cm Länge spritzen und 35 Minuten backen. Die goldbraun gebackenen Eclairs aus dem Backofen nehmen und auf einem Gitter 30 Minuten auskühlen lassen.

4. Für die Creme den Zucker mit 60 ml Wasser und dem Instantkaffee aufkochen und 5 Minuten kochen lassen. Vom Herd nehmen und etwas auskühlen lassen. Das Eiweiß mit dem Handrührgerät steif schlagen, dabei die Kaffee-Zucker-Mischung in dünnem Strahl einfließen lassen und so lange rühren, bis eine glänzende Creme entsteht.

5. Mit einer kleinen Sterntülle in jedes Eclair oben ein Loch stechen [→a]. Die Kaffeecreme in einen Spritzbeutel mit Lochtülle füllen und in die Eclairs spritzen [→b].

6. Die Kuvertüre für die Glasur hacken, über dem Wasserbad schmelzen und temperieren. Die Oberseite der Eclairs 1 cm in die flüssige Kuvertüre tauchen. Die glasierten Eclairs auf ein Gitter legen und die Kuvertüre fest werden lassen.

SCHOKO-TÖRTCHEN
mit Himbeeren

HIMBEERE TRIFFT SCHOKOLADE: HIER ZEIGEN WIR IHNEN, WIE DAS VERFÜHRERISCHE TÖRTCHEN VOM UMSCHLAG ZUBEREITET WIRD.

Zutaten für 8 Stück

Für die Törtchen

400 g Zartbitter-Kuvertüre

150 g Butter

5 Eier

120 g Zucker

50 g Mehl

100 g Himbeerkonfitüre

Für die Glasur

180 g Zartbitter-Kuvertüre

100 ml Sahne

1 TL Honig

Für die Deko

200 g frische Himbeeren

besonderes Werkzeug
• Backform 20 x 25 cm
• Ausstechform Ø 5 cm

Zeitbedarf
• 40 Minuten
• 20 Minuten backen

So geht's

1. Für die Törtchen die Kuvertüre hacken. Die Butter zusammen mit der Kuvertüre über dem Wasserbad schmelzen. Die Schokomasse 20 Minuten auskühlen lassen.

2. Den Backofen auf 160 °C (Umluft 140 °C) vorheizen. Die Eier trennen und das Mehl sieben. Das Eiweiß mit dem Handrührgerät steif schlagen, dabei den Zucker einrieseln lassen. Das Eigelb und das gesiebte Mehl unter die Schokoladenmasse rühren. Den Eischnee vorsichtig unterheben.

3. Eine Backform mit ca. 20 x 25 cm mit Backpapier auslegen. Den Teig 1cm hoch einfüllen und 30 Minuten backen. Die Form aus dem Backofen nehmen und die Teigplatte auskühlen lassen.

4. 16 Kreise mit einem Durchmesser von 5 cm aus dem Teig ausstechen. Jeweils einen Teigkreis mit Himbeerkonfitüre bestreichen und einen zweiten daraufsetzen. So 8 Törtchen vorbereiten.

5. Für die Glasur die Kuvertüre hacken. Die Sahne aufkochen, vom Herd nehmen und die Kuvertüre mit dem Honig darin unter Rühren auflösen. Die Glasur auskühlen lassen, bis sie dickflüssig wird. Die Törtchen damit beträufeln und mit frischen Himbeeren dekorieren.

SCHÖN DEKORIERT | SCHOKORÖLLCHEN Noch appetitlicher sehen die Törtchen aus, wenn man sie zusätzlich mit weißen Schokoladenröllchen garniert. Diese können Sie kaufen, aber auch einfach selbst herstellen. Wie das geht lesen Sie auf Seite 132.

CREME-CUPCAKE
mit Brombeeren

EIN CUPCAKE MAL GANZ OHNE BACKEN! MIT EINEM INDIVIDUELL BEDRUCKTEN SCHILDCHEN KANN MAN DEM BESCHENKTEN EINE NETTE BOTSCHAFT ÜBERMITTELN.

Zutaten für 4 Stück

120 g Zartbitter-Kuvertüre

1 EL Honig

2 Eier

60 g Zucker

90 g weiche Butter

40 g Kakao

70 g Crème fraîche

8 Brombeeren

besonderes Werkzeug
• Cupcake-Förmchen aus Papier

Zeitbedarf
• 40 Minuten
• 4 Stunden kühlen

So geht's

1. Die Zartbitter-Kuvertüre hacken und zusammen mit dem Honig in einer Schüssel über dem Wasserbad schmelzen. Die Eier zusammen mit dem Zucker mit dem Handrührgerät 4 Minuten auf höchster Stufe über einem Wasserbad cremig schlagen.

2. Die flüssige Kuvertüre in die Ei-Zucker-Masse gießen und verrühren. Butter, Kakao und Crème fraîche dazugeben und gut untermischen.

2. Die Cupcake-Förmchen auf ein kleines Brett stellen. Die Schokoladencreme in die Förmchen füllen und 4 Stunden im Kühlschrank fest werden lassen.

4. Zum Servieren die gekühlten Cupcakes mit den frischen Brombeeren garnieren.

HÜBSCH VERPACKT | CUPCAKE-FÖRMCHEN Seitdem sich Muffins und Cupcakes so großer Beliebtheit erfreuen, gibt es die passenden Förmchen in allen nur erdenklichen Designs – mehr Verpackungsaufwand braucht es nicht. Außerdem kann man in die bunten Papierförmchen auch andere selbst gemachte Kleinigkeiten füllen.

KLEIN & HANDLICH
unwiderstehliche Cupcakes

NUSS-SCHOKO-CUPCAKE
MIT ORANGENFROSTING

Für 8 Stück: 4 Eiweiß, 150 g, Puderzucker, 30 g Zartbitter-Kuvertüre, 50 g Mehl, 30 g Kakao, 60 g gemahlene Haselnüsse, 50 ml frischer Orangensaft, 30 g Zucker, 1 TL Speisestärke, 200 g Frischkäse, 20 g helle und dunkle Schokoladenknusperkugeln

So geht's: Backofen auf 190 °C (Umluft 170 °C) vorheizen. Eiweiß steif schlagen, dabei den Puderzucker portionsweise hinzufügen. Kuvertüre fein hacken. Mehl sieben und mit Kakao, Kuvertüre und Haselnüssen unter den Eischnee heben. Cupcake-Förmchen mit der Teigmasse füllen und 20 Minuten backen. Orangensaft mit Zucker zum Kochen bringen. Speisestärke in 1 EL Wasser auflösen und die kochende Flüssigkeit damit binden. Auskühlen lassen. Frischkäse mit dem Handrührgerät 1 Minute aufschlagen, vorbereiteten Orangensaft in dünnem Strahl einfließen lassen. Frosting als Klecks auf die Cupcakes geben und mit Knusperkugeln dekorieren.

BLAUBEER-SCHOKO-CUPCAKE

Für 8 Stück: 8 Scheiben Sandwich-Toast, 150 ml Sahne, 40 g Zucker, 1 Msp. Zimt, 30 g Kakao, 3 Eier, 500 g Blaubeeren, Puderzucker zum Dekorieren

So geht's: Backofen auf 180 °C (Umluft 160 °C) vorheizen. Toastscheiben entrinden und mit einem Nudelholz dünn ausrollen. Sah-

ne mit Zucker, Zimt und Kakao vermengen, Eier untermischen. Jede Scheibe Toast in die Eimasse tauchen und in die Mulden eines Muffinblechs drücken. Die Hälfte der Blaubeeren auf die mit Toastscheiben ausgelegten Muffinformen verteilen und mit restlicher Eimasse übergießen. 20 Minuten backen, bis die Eimasse stockt. Übrige Blaubeeren auf die ausgekühlten Cupcakes verteilen und mit Puderzucker bestreut servieren.

KAROTTEN-CUPCAKE
MIT SCHOKOLADENFRISCHKÄSE

Für 8 Stück 300 g Karotten, 40 g Olivenöl, 100 g Zucker, 2 Eier, 1 Msp. Zimt, Mark von ½ Vanilleschote, 1 TL Backpulver, 180 g Mehl, 50 g weiche Butter, 250 g Frischkäse, 60 g Puderzucker, 50 g Zartbitter-Kuvertüre, 50 ml Milch

So geht's: Karotten schälen, in Stücke schneiden und in ca. 12 Minuten in etwas Wasser weich dünsten. Karotten ohne Flüssigkeit pürieren. Backofen auf 190 °C (Umluft 170 °C) vorheizen. Karottenpüree mit Olivenöl, Zucker und Eier verrühren. Zimt, Vanillemark, Backpulver und Mehl untermischen. Teig in Papierförmchen füllen und 25 Minuten backen. Die Kuvertüre hacken und schmelzen. Weiche Butter, Frischkäse und Puderzucker mit dem Handrührgerät verrühren. Die Kuvertüre in dünnem Strahl einfließen lassen und die Milch unterrühren. Die Creme mit einem Spritzbeutel auf die Cupcakes spritzen.

BANANEN-KÜCHLEIN
mit Schokolade

NOCH LAUWARM SCHMECKEN SIE ZWAR AM BESTEN, DURCH DIE BANANE
IM TEIG BLEIBEN SIE ABER AUCH NOCH BIS ZUM NÄCHSTEN TAG SCHÖN SAFTIG.

Zutaten für 8 Stück

100 g Butter

etwas Butter für die Förmchen

100 g Zucker

2 Eier

150 g reife Banane

140 g Mehl

Prise Salz

1 TL Backpulver

50 g Vollmilch-Kuvertüre

besonderes Werkzeug
• 8 ofenfeste Förmchen

Zeitbedarf
• 25 Minuten
• 30 Minuten backen

So geht's

1. Den Backofen auf 190 °C (Umluft 170 °C) vorheizen. Für den Teig Butter und Zucker mit dem Handrührgerät auf höchster Stufe 3 Minuten cremig schlagen. Die Eier nacheinander untermischen und 1 Minute weiterschlagen.

2. Die Banane schälen, mit einer Gabel zerdrücken, zum Teig geben und mit dem Handrührgerät unterrühren. Mehl und Salz mit dem Backpulver zum Teig sieben und zügig untermischen. Die Kuvertüre fein hacken und unter den Teig heben.

3. 8 ofenfeste Förmchen einfetten. Für jedes Förmchen aus Backpapier eine Papiermanschette zuschneiden (ca. 6 x 8 cm) und in die Förmchen hineinsetzen. Den Teig auf die Förmchen verteilen.

4. Die Küchlein 30 Minuten auf mittlerer Schiene backen. Lauwarm mit etwas geschlagener Sahne servieren.

HÜBSCH VERPACKT | KÜCHENGARN Zum Verschenken lassen Sie die Küchlein einfach in den Förmchen – besonders schön sehen kleine Einmachgläser aus – und binden um jedes mit Küchengarn eine dekorative Schleife.

BROWNIES
im Kokosmantel

DIESE KLEINEN SCHOKO-STÜCKCHEN SIND MIT EINEM HAPS IM
MUND VERSCHWUNDEN. SIE EIGNEN SICH AUCH PRIMA FÜR EINEN
KINDERGEBURTSTAG – DANN ABER NATÜRLICH OHNE LIKÖR.

Zutaten für ca. 20-25 Stück

500 g Margarine

8 Eier

200 g Zucker

125 g Kakao

240 g Mehl

200 g gemahlene Mandeln

100 ml Kokoslikör

5 EL kalter Kaffee

100 g Kokosflocken

besonderes Werkzeug
• Backform 20 x 35 cm

Zeitbedarf
• 20 Minuten
• 30 Minuten backen

So geht's

1. Den Backofen auf 180 °C (Umluft 160 °C) vorheizen. Margarine, Eier und Zucker mit dem Handrührgerät 5 Minuten schaumig rühren. Nacheinander Kakao und Mehl hineinsieben und weiterrühren. Die gemahlenen Mandeln hinzufügen und alles zu einem glatten Teig verarbeiten.

2. Eine flache Form von ca. 35 x 20 cm mit Backpapier auslegen, den Teig darin verteilen und 30 Minuten backen. Aus dem Ofen nehmen und die Teigplatte auskühlen lassen.

3. Die Teigplatte in Würfel mit ca. 2,5 cm Kantenlänge schneiden. Den Kokoslikör mit dem kalten Kaffee mischen und die Würfel damit beträufeln. Die Kokosflocken auf einen Teller geben und die Brownies einzeln in den Kokosflocken wälzen.

DIE VARIANTE | SAVARIN
3 Eier, 90 g Zucker, 85 g Butter, 75 g Mohn, 20 g Kakao, 75 g Biskuitbrösel, 40 ml Rum, 1 EL Honig Eier trennen. Eiweiß mit 45 g Zucker steif schlagen. Eigelb, Butter und 45 g Zucker schaumig rühren. Mohn, Kakao und Biskuitbrösel untermischen, Eiweiß unterheben. 8 Savarin-Förmchen fetten, Teig einfüllen und bei 180 °C (Umluft 160 °C) 20 Minuten backen. Rum mit Honig erhitzen und die abgekühlten Savarins damit beträufeln. Echte Naschkatzen lieben dazu die weiße Schokoladensauce von Seite 109.

BAISERS
mit Schokoladenkern

HARTE SCHALE – WEICHER KERN: IN DER KNUSPRIGEN BAISER-
HÜLLE VERSTECKT SICH EIN ZART SCHMELZENDER SCHOKOLADEN-
KERN MIT FRUCHTIGER GRENADINE.

Zutaten für 8 Stück

150 g Zartbitter-Kuvertüre

50 ml Sahne

2 cl Grenadine-Sirup

4 Eiweiß

250 g Zucker

2 TL Speisestärke

1 Prise Salz

Zeitbedarf
- 35 Minuten
- 2 Stunden backen
- 1,5 Stunden kühlen

So geht's

1. Die Zartbitter-Kuvertüre hacken und über dem Wasserbad schmelzen. Die Sahne mit dem Grenadine-Sirup aufkochen und vom Herd nehmen. Die flüssige Kuvertüre in die Sahne gießen und verrühren. Die Schokoladenmasse für 90 Minuten im Kühlschrank kalt stellen.

2. Das Eiweiß mit ein paar Tropfen Wasser mit dem Handrührgerät steif schlagen, dabei den Zucker portionsweise einrieseln lassen. Sobald das Eiweiß feste weiße Spitzen zieht, die Speisestärke hineinsieben und untermischen. Mit einer Prise Salz würzen.

3. Den Backofen auf 130 °C (Umluft 110 °C) vorheizen. Auf ein mit Backpapier ausgelegtes Backblech etwa 5 cm große Häufchen der Baisermasse setzen, in die Mitte einen Klecks von der Schoko-füllung geben und die übrige Masse so darauf verteilen, dass die Füllung umschlossen ist.

4. Die Baisers im Backofen auf mittlerer Schiene 120 Minuten backen. Aus dem Backofen nehmen und auskühlen lassen. Die Baisers bis zum Verzehr kühl und trocken lagern.

MACARONS
mit Schokoladenfüllung

DIE ZARTEN PLÄTZCHEN AUS MANDELBAISER STAMMEN AUS
FRANKREICH UND KÖNNEN DURCH VERSCHIEDENE FÜLLUNGEN
UND AROMEN IM TEIG IMMER WIEDER ABGEWANDELT WERDEN.

Zutaten für 20 Stück

Für die Macarons

50 g gemahlene Mandeln

40 g Puderzucker

2 Eiweiß

90 g Zucker

10 g Kakao

Für die Füllung

90 g Zartbitter-Kuvertüre

120 g Vollmilch-Kuvertüre

80 ml Sahne

1 TL Honig

besonderes Werkzeug
• Spritzbeutel mit Lochtülle

Zeitbedarf
• 35 Minuten
• 15 Minuten backen

So geht's

1. Für die Macarons die gemahlenen Mandeln und den Puderzucker in einer Schüssel mischen. Das Eiweiß mit dem Handrührgerät steif schlagen. Dabei den Zucker und das Kakaopulver einrieseln lassen, bis ein fester Eischnee entsteht.

2. Den Backofen auf 160 °C (Umluft 140 °C) vorheizen. Die Eiweißmasse in einen Spritzbeutel mit einer kleinen Lochtülle füllen. Auf ein mit Backpapier belegtes Backblech kleine Kreise mit 2 cm Durchmesser spritzen, dabei genügend Abstand lassen.

3. Die Macarons 15 Minuten backen. Das Blech aus dem Backofen nehmen und 10 Minuten auskühlen lassen. Die Macarons vorsichtig vom Backpapier lösen.

4. Für die Füllung die beiden Kuvertüren hacken. Die Sahne mit dem Honig aufkochen, Topf vom Herd ziehen und die Kuvertüren unter Rühren in der Sahne schmelzen. Die Schokoladenmasse 15 Minuten auskühlen lassen, dann noch einmal kräftig umrühren und in eine Spritztüte mit Sterntülle füllen.

5. Zwei passende Macarons-Schalen aussuchen. Die Schokoladencème auf eine Schale spritzen und den passenden Deckel daraufsetzten. Die Macarons für 20 Minuten kalt stellen, damit die Schokoladencreme anzieht.

DIE VARIANTE | WEISSE SCHOKOLADENFÜLLUNG
150 g weiße Kuvertüre, 75 g Sahne, 2 EL Kakaonibs Die Kuvertüre hacken und zusammen mit der Sahne in einem Topf schmelzen. Die Kakaonibs unterrühren und die Mischung 15 Minuten kühl stellen. Die Macarons-Schalen damit füllen und zusammensetzen.

SO *gelingt's* SICHER

[a] KREISE AUSSTECHEN Zunächst die Kreise mit der scharfen Seite des Ausstechers ausstechen. Dann mit der stumpfen Seite eines etwas kleineren Ausstechers einen Rand in jeden Kreis drücken.

[b] LÖCHER AUSSTECHEN Mit einer kleinen Lochtülle in die Mitte der Kreise zwei oder vier Löcher als Knopflöcher stechen. Dabei die Tülle immer wieder in Mehl tauchen, damit der Teig nicht kleben bleibt.

[a]

[b]

KNOPFKEKSE
süße Schmuckstücke

DIESE WITZIGEN KEKSE SIND ALS GESCHENK EIN ECHTER HINGUCKER
UND DABEI SO EINFACH GEMACHT. AUS DEM TEIG KANN MAN NATÜRLICH
AUCH ANDERE FORMEN AUSSTECHEN.

Zutaten für 30 Kekse

Für die hellen Knöpfe

250 g Mehl

100 g Puderzucker

½ TL abgeriebene Zitronenschale

150 g Butter, 1 Eigelb

Für die dunklen Knöpfe

200 g Mehl

75 g Puderzucker

50 g Kakao, 1 Msp. Zimt

150 g Butter, 1 Eigelb

Für die Dekoration

je 150 g weiße und
Zartbitter-Kuvertüre

besonderes Werkzeug
• Kreisausstecher
• Lochtülle 2 mm

Zeitbedarf
• 30 Minuten
• 30 Minuten kühlen
• 20 Minuten backen

So geht's

1. Aus den angegebenen Zutaten zwei Mürbteige herstellen. Dafür die trockenen Zutaten in eine Schüssel geben. Die kalte Butter in Flöckchen sowie das Eigelb hinzufügen und zügig zu einem glatten Teig verkneten. Die Teige in Folie wickeln und 30 Minuten im Kühlschrank ruhen lassen.

2. Den Backofen auf 180 °C (Umluft 160 °C) vorheizen. Die Teige auf etwas Mehl ausrollen und Knöpfe in unterschiedlichen Größen ausstechen [→a, b]. Wer keine Kreisausstecher hat, kann dafür auch verschiedene kleine Gläser verwenden. Die Kekse auf ein mit Backpapier belegtes Backblech legen.

2. Die Kekse 20 Minuten im Backofen backen. Die fertigen Knöpfe aus dem Backofen nehmen und auskühlen lassen.

4. Die weiße und die Zartbitter-Kuvertüre hacken, einzeln über dem Wasserbad schmelzen und temperieren. Die Knöpfe jeweils ganz oder zur Hälfte in die flüssige Kuvertüre tauchen und auf Backpapier absetzen.

5. Die Kekse in einer luftdichten Dose oder einem Glas aufbewahren.

SO SCHMECKT'S AUCH | DOPPELDECKER **Stechen Sie nur die Hälfte der Kekse als Knöpfe aus, die andere Hälfte als einfache Kreise. Mit etwas Kuvertüre oder der Schokoladenfüllung von Seite 72 dann jeweils einen Knopf auf einen Kreis kleben, fertig sind die hausgemachten Doppeldecker-Knopf-Kekse.**

KNUSPERKEKSE
für den Vorrat

ALLE DIESE KEKSE HALTEN SICH IN LUFTDICHT SCHLIESSENDEN DOSEN VERPACKT MEHRERE WOCHEN. SO HAT MAN IMMER EINEN KLEINEN VORRAT ZUM NASCHEN ODER VERSCHENKEN.

HAFERFLOCKEN -SCHOKO-KEKSE

Für 50 Stück: 250 g Butter, 500 g Haferflocken, 200 g Zucker, 2 EL Kakao, 3 Eier

So geht's: Die Butter in einem Topf schmelzen. Auf dem Herd bei kleiner Hitze stehen lassen. Die Haferflocken in eine Schüssel füllen. Zucker, und Kakao hinzufügen und vermischen. Die flüssige heiße Butter über die Haferflocken gießen und unterrühren. Die Eier aufschlagen und nacheinander schnell unter die Haferflockenmasse heben, bis die Masse fest ist. Den Backofen auf 210 °C (Umluft 190 °C) vorheizen. Aus der Masse mit einem Teelöffel kleine Häufchen auf ein mit Backpapier belegtes Blech setzen und 10 Minuten auf mittlerer Schiene backen.

BISCOTTINI MIT MANDELN

Für 20 Stück: 150 g Mehl, 50 g Kakao, ½ TL Backpulver, 100 g Zucker, 50 g Zartbitter-Kuvertüre, 2 Eier, 60 g ganze Mandeln, 1 Prise Salz

So geht's:: Das Mehl sieben. Kakao, Mehl, Backpulver und Zucker in einer Schüssel mischen. Die Kuvertüre hacken und über dem Wasserbad schmelzen. Die Eier zu der Mehlmischung geben und gut vermengen. Die flüssige Kuvertüre hineingießen und alles zu einem festen Teig vermengen. Mandeln unterkneten und mit einer Prise Salz abrunden. Den Teig 30 Minuten kalt stellen. Den Backofen auf

180 °C (Umluft 160 °C) vorheizen. Etwas Mehl auf die Arbeitsfläche streuen und aus dem Teig 3 cm dicke Stangen rollen. Mit der Hand etwas flach drücken. Die Stangen auf ein mit Backpapier belegtes Backblech legen und 25 Minuten backen. Die Stangen aus dem Backofen nehmen und auskühlen lassen. Mit einem langen Sägemesser fingerdicke Biscottini schneiden.

FLORENTINER

Für 25 Stück: 100 g Butter, 200 g Zucker, 100 g Honig, 100 g Sahne, 200 g Mandelblättchen, 150 g Vollmilch-Kuvertüre

So geht's: Butter, Zucker und Honig in einem Topf schmelzen. Die Sahne zufügen und 3 Minuten köcheln lassen. Vom Herd nehmen. Die Mandelblättchen behutsam unter die Masse heben. Den Backofen auf 170 °C (Umluft 150 °C) vorheizen. Die Florentinermasse auf ein mit Backpapier ausgelegtes Backblech streichen und 20 Minuten backen. Das Blech aus dem Backofen nehmen und auskühlen lassen. Die Kuvertüre hacken, über dem Wasserbad schmelzen und temperieren. Mit einem scharfen Messer die gebackenen Florentiner in Stücke schneiden. Die Stücke mit einer Seite in die flüssige Kuvertüre tauchen, am Schüsselrand abstreifen und auf Backpapier ablegen. Die Schokolade fest werden lassen.

NOUGAT-STANGEN MIT PISTAZIEN

Für 30 Stück: 225 g Butter, 100 g Puderzucker, 2 EL Vanillezucker, 3 Eigelb, ½ TL Zimt, 200 g Mehl, 40 g Kakao, ½ TL Backpulver, 125 g gemahlene Haselnüsse, 150 g weiße Kuvertüre, 3 ET Pistazien

So geht's: Butter, Puderzucker, Vanillezucker und Eigelb mit dem Handrührgerät cremig rühren. Zimt, Mehl, Kakao und Backpulver mischen. In die Buttermasse sieben und verrühren. Den Backofen auf 190 °C (Umluft 170 °C) vorheizen. Haselnüsse ohne Fett in einer Pfanne rösten und unter die Masse kneten. Aus dem Teig kleine Stangen formen, auf ein mit Backpapier belegtes Blech legen und 8 Minuten backen. Die Stangen aus dem Backofen nehmen und auskühlen lassen. Die weiße Kuvertüre hacken, über dem Wasserbad schmelzen und temperieren. Die Pistazien fein hacken. Die Nougatstangen mit einer Seite in die Kuvertüre tauchen, auf Backpapier ablegen und mit gehackten Pistazien bestreuen. 2 Stunden fest werden lassen.

BACKMISCHUNG
für Schokoladenkuchen

DIE GRUNDZUTATEN FÜR DEN TEIG WERDEN HÜBSCH IN EINE
FLASCHE GESCHICHTET. ZUM VERSCHENKEN KOMMT EIN KLEINER
ANHÄNGER MIT DEM ZUBEREITUNGSTEXT DAZU.

Zutaten für 1 Flasche

Für die Mischung

120 g Rohrzucker

280 g Mehl

1 TL Backpulver

40 g Kakao

Zum Zubereiten

2 Eier

125 g weiche Butter

125 ml Milch

etwas Butter zum Einfetten

besonderes Werkzeug
• 1 Glasflasche 500 ml
• Backform Ø 20 cm

Zeitbedarf
• 25 Minuten
• 35 Minuten backen

So geht's

1. Für die Mischung zuerst 60 g Rohrzucker in die Flasche einfüllen. Mehl und Backpulver sieben, mischen und als zweite Schicht auf den Rohrzucker füllen. Den Kakao in den Flaschenhals einfüllen und mit dem restlichen Rohrzucker auffüllen.

2. Für die Zubereitung Eier und Butter in einer Schüssel mit dem Handrührgerät schaumig rühren. Die Backmischung aus der Flasche und die Milch dazugeben und zügig unter den Teig rühren. Den Backofen auf 180 °C (160 °C Umluft) vorheizen.

3. Eine Backform mit Butter einfetten. Den Teig in die Form füllen und auf mittlerer Schiene 35 Minuten backen.

4. Den Kuchen aus dem Backofen nehmen und 1 Stunde auskühlen lassen. Aus der Form lösen und mit frisch geschlagener Sahne servieren.

SO SCHMECKT'S AUCH | WEITERE ZUTATEN **Die Mischung im Glas kann man durch weitere Zutaten ergänzen: 2 EL Schokodrops, 50 g gemahlene Nüsse, 2 EL Mandelstifte oder grob gehackte Walnüsse, 50 g Rosinen oder Cranberries – ganz nach Lust und Laune.**

MARSHMALLOWS
mit Kakao und Vanille

DIE AMERIKANISCHE KULTSÜSSIGKEIT ZUM SELBERMACHEN.
SIE SCHMECKT NICHT NUR ZU HALLOWEEN.

Zutaten für 20 Stück

1 Vanilleschote

8 Blatt Gelatine

350 g Zucker

2 EL Kakaopulver

besonderes Werkzeug
• Form 20 x 30 cm

Zeitbedarf
• 25 Minuten
• 3 Stunden kühlen

So geht's

1. Vanilleschote längs aufschlitzen und das Mark herauskratzen. Die Gelatine in etwas Wasser einweichen. Den Zucker in 125 ml Wasser auflösen und mit dem Handrührgerät 4 Minuten auf höchster Stufe schlagen. Das Vanillemark dazugeben und unterrühren.

2. Die Gelatine ausdrücken und mit 125 ml Wasser in einer Schüssel über dem Wasserbad auflösen. Die aufgelöste Gelatine mit dem Wasser zur Zuckerlösung geben und verrühren. Mit dem Handrührgerät die Flüssigkeit auf höchster Stufe 6 – 8 Minuten schlagen bis eine weiße Creme entsteht.

2. ⅓ der Masse abheben und das Kakaopulver hineinsieben. Die Kakaomasse weitere 2 Minuten schlagen. Eine Form von ca. 20 x 30 cm mit Frischhaltefolie auskleiden und zuerst die weiße, dann die Kakaomasse einfüllen. Mit einem Kochlöffel ein schönes Marmormuster in die Marshmallowmasse ziehen.

4. Die Masse 3 Stunden kühl stellen, aus der Form lösen und in Stücke schneiden. Runde Marshmallows oder auch andere Formen gelingen ganz einfach mit Backausstechern.

DIE VARIANTE | SCHOKO-KROKETTEN
120 ml Sahne, 60 g Kakao, 240 g Vollmilch-Kuvertüre, 2 EL Mocca-Likör, 60 g gemahlene Mandeln, 60 g gemahlene Pecanüsse, 60 g gemahlene Haselnüsse, 100 g Zucker, 2 Eier, Mehl zum Panieren, 1 l Erdnussöl Sahne mit Kakao aufkochen, vom Herd nehmen. Gehackte Kuvertüre darin auflösen und Mocca-Likör hinzufügen. 2 Stunden kalt stellen. Mit den Händen Stangen aus der Masse formen, für 10 Minuten in den Tiefkühler stellen. Nüsse und Zucker mischen. Eier aufschlagen und verquirlen. Die Schokostangen in Mehl, in Ei und Nüssen wenden. Kalt stellen. Erdnussöl auf 160 °C erhitzen und die Kroketten darin 2 Minuten ausbacken (im Bild hinten).

BESONDERS EDEL
Torten, Tartes & Kuchen

HIER BEKOMMT SCHOKOLADE IHREN GANZ GROSSEN AUFTRITT. BEEINDRUCKEN SIE MIT EINER RAFFINIERTEN SCHOKOTORTE, EINER LUFTIG-LEICHTEN BISKUITROLLE ODER DER ÜBERRASCHENDEN KOMBINATION VON SALZ UND SCHOKOLADE IN EINER TARTE.

FRISCHKÄSE-TORTE
mit Schoko und Passionsfrucht

EIN LUFTIGER SCHOKOLADENBODEN, EINE KRÄFTIGE GLASUR UND EIN CREMIGES TOPPING MIT SÄUERLICHER PASSIONSFRUCHT – WAS WILL MAN MEHR?

Zutaten für 1 Torte

Für den Boden

120 g Zartbitter-Kuvertüre

6 Eier, 1 Prise Salz

200 g Zucker, 270 g Butter

300 g Mehl, 6 EL Kakaopulver

1 Pck. Backpulver, 5 EL Milch

je ½ TL Zimt- und Pimentpulver

Für Glasur und Topping

150 g Zartbitter-Kuvertüre

60 ml Milch, 20 ml Kondensmilch

150 g Sahne

50 g Vanillezucker

200 g Frischkäse

4 Passionsfrüchte

besonderes Werkzeug
• Springform Ø 28 cm

Zeitbedarf
• 40 Minuten
• 50 Minuten backen

So geht's

1. Für den Teig die Kuvertüre hacken und über dem Wasserbad schmelzen. Eier trennen. Eiweiß mit einer Prise Salz steif schlagen. Den Backofen auf 180 °C (Umluft 160 °C) vorheizen.

2. Eigelb, Zucker und Butter mit dem Handrührgerät 4 Minuten cremig rühren. Mehl, Kakaopulver, Backpulver, Milch, Gewürze und flüssige Kuvertüre unterrühren. Den Eischnee unter den Teig heben. Eine Springform fetten, den Teig hineinfüllen und glatt streichen. Den Teig auf mittlerer Schiene 50 Minuten backen. Aus dem Ofen nehmen und auskühlen lassen.

3. Für die Glasur die Kuvertüre hacken. Milch und Kondensmilch erhitzen und die Schokolade unter Rühren darin auflösen. Die Glasur 15 Minuten ruhen lassen, bis sie leicht andickt. Den Kuchen mit dem Schokoguss übergießen und kalt werden lassen.

4. Für das Topping die Sahne mit dem Vanillezucker steif schlagen und unter den Frischkäse rühren. Die Passionsfrüchte aufschneiden und das Fruchtmark mit einem Teelöffel herauslösen. Die Torte mit dem Frischkäsetopping bedecken und mit Passionsfruchtmark verzieren.

MERINGUETORTE
mit Walnüssen

KNUSPRIGE MERINGUESCHICHTEN, SCHOKOLADIGE CREME UND KNACKIGE WALNÜSSE – DIESE TORTE IST DER STAR AUF JEDER FEINEN KAFFEETAFEL.

Zutaten für 1 Torte

Für die Meringue

200 g Puderzucker

4 Eiweiß

60 g Mandeln gemahlen

Für Creme und Dekoration

2 Blatt Gelatine

400 g Vollmilch-Kuvertüre

1 Msp. Zimt

1 TL Walnussöl

300 g Sahne

50 g Walnüsse

Zeitbedarf

• 30 Minuten
• 35 Minuten backen pro Boden

So geht's

1. Den Backofen auf 130 °C (Umluft 110 °C) vorheizen. Den Puderzucker sieben. Das Eiweiß mit dem Handrührgerät auf höchster Stufe steif schlagen. Dabei den Puderzucker in kleinen Portionen einrieseln lassen, bis sich ein fester Eischnee bildet, der weiße Spitzen zieht. Die gemahlenen Mandeln unterheben.

2. 4 Backbleche mit Backpapier auslegen. Auf jedes Blech aus der Meringuemasse einen Kreis mit 20 cm Durchmesser streichen und jeweils 35 Minuten backen (bei Umluftbetrieb können mehrere Bleche gleichzeitig gebacken werden). Bleche aus dem Backofen nehmen und auskühlen lassen.

3. Für die Creme die Gelatine in kaltem Wasser einweichen. Die Kuvertüre hacken und über dem Wasserbad schmelzen. Zimt und Walnussöl hinzufügen.

4. 100 g Sahne aufkochen. Die Gelatine ausdrücken und in der Sahne auflösen. Die flüssige Kuvertüre zufügen und unterrühren. Die Creme auskühlen lassen.

5. Die restliche Sahne steif schlagen. Die Meringueböden vorsichtig vom Backpapier lösen und den ersten Boden mit einer Schicht Schokoladencreme bestreichen. Den zweiten Boden darauflegen und auf diese Weise alle Böden mit je einer Schicht Creme dazwischen übereinandersetzen. Mit einer Schicht Creme enden und mit der geschlagenen Sahne und Walnüssen garnieren.

SCHÖN DEKORIERT | KARAMELLGITTER **Ein Gitter aus Karamell zum Verzieren der Torte ist im Handumdrehen gemacht. 100 g Zucker mit 2 EL Wasser erhitzen und so lange kochen, bis ein brauner Karamell entsteht. Den flüssigen Karamell mit einem Löffel unregelmäßig auf Backpapier gießen und aushärten lassen. Behutsam vom Backpapier lösen und zum Garnieren verwenden.**

BISKUITROLLE
mit Quarkfüllung

EIN KLASSIKER ZUM SONNTAGSKAFFEE: HIER MAL MIT DUNKLEM
SCHOKOBISKUIT, EINER FRISCHEN QUARKFÜLLUNG MIT VANILLE
UND DER SCHOKOGUSS DARF NATÜRLICH AUCH NICHT FEHLEN.

Zutaten für 1 Rolle

Für den Teig

5 Eier, 120 g Zucker

Abrieb von 1 Bio-Zitrone

100 g Mehl, 2 EL Kakao

Für die Füllung

400 g Quark

4 Blatt Gelatine

20 g Vanillezucker

80 g Zucker

200 ml Sahne

Für die Glasur

150 g Zartbitter-Kuvertüre

125 g Sahne

Zeitbedarf
• 45 Minuten
• 1 Stunde abtropfen
• 25 Minuten backen
• 2 Stunden kühlen

So geht's

1. Für die Füllung ein Sieb mit einem feinen Küchentuch auslegen und den Quark darin 1 Stunde abtropfen lassen.

2. Den Backofen auf 190 °C (170 °C Umluft) vorheizen. Eier trennen. Das Eiweiß mit einigen Tropfen Wasser steif schlagen und kalt stellen. Eigelb und Zucker mit dem Handrührgerät cremig schlagen und den Zitronenabrieb hinzufügen.

3. Mehl und Kakao in die Eigelbmasse sieben und untermischen. Den Eischnee behutsam unter die Masse heben.

4. Die Biskuitmasse auf ein mit Backpapier belegtes Backblech gießen, glatt streichen und 12 – 15 Minuten backen. Den Biskuit aus dem Ofen nehmen, mit einem Küchentuch bedecken und vollständig auskühlen lassen.

5. Für die Füllung die Gelatine in kaltem Wasser einweichen. Den abgetropften Quark in einer Schüssel mit Vanillezucker und Zucker verrühren. Die Gelatine ausdrücken und in einer kleinen Schüssel über dem Wasserbad auflösen. Die Gelatine in dünnem Strahl in die Quarkmasse einrühren. Die Sahne steif schlagen und mit dem Schneebesen unter die Quarkmasse heben.

6. Den Biskuit vom Backpapier lösen und auf ein sauberes Küchentuch legen. Die Quarkmasse auf dem Biskuit verteilen, dabei am oberen Rand etwa 3 cm frei lassen. Den Biskuit mithilfe des Küchentuchs aufrollen und für 2 Stunden kühl stellen.

7. Für die Glasur gehackte Kuvertüre und Sahne in einem kleinen Topf erhitzen, bis die Kuvertüre geschmolzen ist. Die Glasur 15 Minuten auskühlen lassen, bis diese leicht andickt, und über den durchgekühlten Kuchen verteilen [→a].

SO *gelingt's* SICHER

[a] GLASUR AUFTRAGEN Geben Sie die abgekühlte, etwas angedickte Glasur großzügig mit einem Löffel über die Biskuitrolle. Arbeiten Sie dabei auf einem Abtropfgitter, so kann überschüssige Glasur gut abtropfen. Erst wenn der Guss fest geworden ist, kommt die fertige Rolle auf eine schöne Kuchenplatte.

SO gelingt's SICHER

....

[a+b] MIT TEMPO Je schneller Sie beim Spritzen der Kuvertüre die Hand bewegen, desto feiner werden die Linien des Musters. Arbeiten Sie langsamer, werden die Linien dicker und das Gitter etwas stabiler.

[c] LOCHGRÖSSE Tasten Sie sich an die passende Lochgröße des Spritzbeutels heran. Schneiden Sie zuerst nur ganz wenig von der Spitze ab, vergrößern können sie die Öffnung dann immer noch. Ist die Öffnung jedoch schon von Anfang an zu groß, läuft die Kuvertüre in einem zu dicken Strahl heraus.

[d] SCHLEIFEN UND KNOTEN Mehrere dünne Schokoladenlinien auf eine gekühlte Marmorplatte spritzen. Diese können Sie, solange die Kuvertüre noch biegsam und nicht ganz fest geworden ist, vorsichtig zu Schleifen oder sogar Knoten schlingen.

[d]

[a]

[b]

[c]

TORTENDEKORATION
selbst gemacht

NATÜRLICH KANN MAN TORTENDEKORATION AUCH FERTIG KAUFEN.
SELBER MACHEN IST ABER VIEL SCHÖNER, INDIVIDUELLER UND MACHT
MIT ETWAS ÜBUNG RICHTIG SPASS.

Zutaten

50 g weiße Kuvertüre
50 g Zartbitter-Kuvertüre

besonderes Werkzeug
• kleine Spritzbeutel (S. 22)

Zeitbedarf
• 20 Minuten
• 3 Stunden kühlen

So geht's

1. Die beiden Kuvertüresorten hacken und einzeln über dem Wasserbad schmelzen und temperieren. Die flüssigen Kuvertüren in kleine Spritzbeutel füllen.

2. Für ein großes Gitter auf einem Stück Backpapier mit der weißen Kuvertüre ein wildes Muster spritzen. Die Kuvertüre fest werden lassen und mit der dunklen Kuvertüre auf die gleiche Weise eine zweite Schicht aufspritzen [→a, b]. Das Gitter etwa 30 Minuten gut aushärten lassen und zum Dekorieren in Stücke brechen.

3. Für ein kleines Gitter mit einer Kuvertüresorte eine enge Zickzack-Linie auf ein Stück Backpapier spritzen. Die Kuvertüre etwas anziehen lassen und dann im rechten Winkel dazu eine zweite Zickzack-Linie aufspritzen [→c]. 30 Minuten aushärten lassen und vom Backpapier lösen.

4. Mit ein bisschen Übung und Geschick kann man aus Kuvertüre ganz unterschiedliche Formen spritzen und diese dann als Dekoration für Torten, Kuchen oder Desserts verwenden [→c]. Spritzen Sie zum Beispiel einfach mehrere dünne Linien. Einzeln oder als Bündel zusammengefasst, sieht eine solche Schokoladendekoration sehr elegant aus [→d].

AUF VORRAT | GUT HALTBAR Alle in diesem Buch gezeigten Schokodekorationen können Sie gut auch auf Vorrat herstellen. In einer gut schließenden Dose bruchsicher, evtl. zwischen Schichten von Backpapier gelagert, halten sich die Schmuckstücke mehrere Wochen.

TARTELETTES
mit schwarzem Salz

WER ES NOCH NIE GETESTET HAT, WIRD ES KAUM GLAUBEN, WIE FANTASTISCH SCHOKOLADE UND SALZ MITEINANDER HARMONIEREN. PROBIEREN SIE ES AUS!

Zutaten für 8 Stück

Für den Teig

200 g Mehl

50 g Zucker

130 g Butter

1 Eigelb

etwas Mehl zum Ausrollen

etwas Butter zum Einfetten

Für die Füllung

200 g Zartbitter-Kuvertüre

125 ml Sahne

20 g Zucker

4 cl Whisky

1 EL schwarzes Vulkansalz

besonderes Werkzeug
• 8 Tartelette-Förmchen Ø 6cm

Zeitbedarf
• 30 Minuten
• 1 Stunde kühlen

So geht's

1. Für den Teig das Mehl sieben, Zucker und Eigelb hinzufügen und mit der weichen Butter und 1 EL Wasser rasch zu einem Mürbeteig verkneten. Den Teig in Frischhaltefolie wickeln und für 30 Minuten in den Kühlschrank legen.

2. Den Backofen auf 210 °C (Umluft 190 °C) vorheizen. Die Tartelette-Förmchen mit Butter einpinseln. Die Arbeitsfläche mit Mehl ausstreuen und den Mürbeteig dünn ausrollen. Etwa 10 cm große Kreise ausstechen und in die Förmchen drücken. Den überschüssigen Rand mit einem Messer abschneiden. Mit einer Gabel den Teigboden mehrmals einstechen.

3. Die Tartelette-Böden 12 Minuten backen, aus dem Ofen nehmen. Böden auskühlen lassen und aus den Formen lösen.

4. Für die Füllung die Kuvertüre hacken und mit Sahne und Zucker in einem Topf erwärmen, bis die Kuvertüre geschmolzen ist. Den Whisky einrühren und die Masse auf die Mürbeteigböden verteilen. Die Tartelettes 1 Stunde kalt stellen.

5. Vor dem Servieren mit schwarzem Vulkansalz bestreuen. Besonders cremig wird die Füllung, wenn man die Tartelettes vor dem Verzehr für 10 Sekunden in der Mikrowelle ganz leicht erwärmt.

SO SCHMECKT'S AUCH | GROSSE TARTE Sie können nach diesem Rezept auch eine große Tarte backen. Die angegebene Menge reicht für eine Form mit 26 cm Durchmesser. Allerdings sollten Sie zum Backen den Boden mit Hülsenfrüchten (Backpapier unterlegen), die später wieder entfernt werden, belegen, damit der Teig schön gleichmäßig in der Form bleibt.

WEISSER SCHOKOKUCHEN
mit Sommerfrüchten

GENAU DER RICHTIGE SCHOKO-FRUCHTIGE GEBURTSTAGSKUCHEN
FÜR ALLE, DIE IM SOMMER IHREN EHRENTAG FEIERN DÜRFEN.

Zutaten für 1 Kuchen

Für den Teig

200 g weiße Kuvertüre

250 g Butter

200 g Zucker

400 g Mehl

2 TL Backpulver

3 Eier

etwas Butter zum Einfetten

Für die Creme

250 g weiße Kuvertüre

125 ml Sahne

50 g Butter

150 g frische Beeren

besonderes Werkzeug
- Springform Ø 26 cm

Zeitbedarf
- 45 Minuten
- 50 Minuten backen
- 2 Stunden kühlen

So geht's

1. Den Backofen auf 180 °C (160 °C Umluft) vorheizen. Die weiße Kuvertüre fein hacken. Butter, Zucker und 350 ml Wasser in einen Topf geben, aufkochen und die gehackte Kuvertüre darin unter Rühren schmelzen. Die Masse vom Herd nehmen.

2. Mehl und Backpulver zur Kuvertüremasse sieben und unterrühren. Die Eier hineinschlagen und alles zu einem Teig vermengen. Eine Springform fetten, den Teig hineingeben und auf mittlerer Schiene 50 Minuten backen. Den Kuchen aus dem Ofen nehmen und 2 Stunden auskühlen lassen.

2. Für die Creme die weiße Kuvertüre hacken. Sahne und Butter in einem Topf erhitzen, die Kuvertüre dazugeben und in der Flüssigkeit schmelzen. Die Schokoladencreme 2 Stunden im Kühlschrank auskühlen lassen.

4. Die gekühlte Creme aus dem Kühlschrank nehmen und mit dem Handrührgerät auf höchster Stufe 5 Minuten cremig aufschlagen. Den Kuchen aus der Form lösen und die Creme mit einer Palette auf den Kuchen streichen.

5. Die frischen Beeren unter fließendem Wasser abspülen und trocken tupfen. Beeren auf der Creme verteilen und mit Puderzucker bestreut servieren.

SO SCHMECKT'S AUCH | FRUCHTVARIATIONEN Diesen Kuchen kann man natürlich das ganze Jahr über auch mit anderen Früchten genießen. Dekorieren Sie die Creme je nach Jahreszeit zum Beispiel mit Orangen- oder Grapefruitfilets, Mangospalten, Ananasstücken, feinen Scheiben von Sharonfrüchten oder leicht karamellisierten Apfelringen.

NEW-YORK-CHEESE-CAKE
with Chocolate

DER KLASSIKER AUS DEN USA BEKOMMT HIER DURCH DEN KAKAO
IM TEIG OPTISCH UND GESCHMACKLICH EINE NEUE NOTE.

Zutaten für 1 Kuchen

1 kg Quark (20 % Fett)

125 g weiche Butter

300 g Zucker

3 Eier

3 EL Hartweizengrieß

1 Päckchen Backpulver

60 g Kakaopulver

3-5 EL Milch

etwas Butter zum Einfetten

besonderes Werkzeug
• Springform Ø 20 cm

Zeitbedarf
• 30 Minuten
• 60 Minuten backen

So geht's

1. Den Quark in einer Schüssel glatt rühren. Butter, Zucker und die Eier mit dem Handrührgerät 3 Minuten cremig rühren und unter den Quark heben. Hartweizengrieß und Backpulver untermischen.

2. Den Backofen auf 180 °C (160 °C Umluft) vorheizen. ⅓ der Käsekuchenmasse abnehmen und in einer Schüssel mit dem Kakaopulver und der Milch vermengen.

3. Die Springform fetten. Helle und dunkle Teigmasse in die Form geben und mit einer Gabel ein Muster ziehen. Den Kuchen 60 Minuten auf mittlerer Schiene backen, aus dem Ofen nehmen und auskühlen lassen.

SO SCHMECKT'S AUCH | KÄSEKUCHEN Lassen Sie Kakaopulver und Milch im Rezept weg und fügen Sie stattdessen 125 g Rumrosinen zu. Den Teig in dem Fall nicht mehr halbieren, sondern direkt backen. So entsteht ein klassischer Käsekuchen, zu dem die Schokoladensoße von Seite 109 ganz hervorragend schmeckt.

KOKOS-TARTE
mit Karamell und Schoko

DIESE TARTE VERWÖHNT GLEICH DREIFACH: MIT EINEM KNUSPRIGEN KOKOSBODEN, EINER SÜSSEN KARAMELLSCHICHT UND EINER ZARTBITTEREN SCHOKOGLASUR.

Zutaten für 1 Tarte

Für den Teig

160 g Mehl

50 g Kokosraspel

80 g Zucker

140 g Butter

Für den Karamell

130 g Zuckerrübensirup

110 g Butter

800 ml Kondensmilch (10 % Fett)

1 TL Speisestärke

Für die Glasur

400 g Zartbitter-Kuvertüre

125 ml Sahne

besonderes Werkzeug
• Springform Ø 24 cm

Zeitbedarf
• 50 Minuten
• 50 Minuten backen
• 3 Stunden kühlen

So geht's

1. Den Backofen auf 180 °C (Umluft 160 °C) vorheizen. Das Mehl sieben und mit den Kokosraspeln und dem Zucker in einer Schüssel mischen. Die Butter in einem Topf schmelzen und zur Mehlmischung geben. Alles zu einem Teig verarbeiten. Den Teig 30 Minuten im Kühlschrank ruhen lassen.

2. Eine Springform mit Backpapier auslegen. Den Teig in die Form drücken und 15–20 Minuten backen.

3. Für den Karamell Zuckerrübensirup, Butter und Kondensmilch unter ständigem Rühren 10 Minuten bei mittlerer Hitze kochen. Die Speisestärke in 1 EL Wasser auflösen und zum kochenden Karamell geben. Topf vom Herd nehmen und die Masse etwas auskühlen lassen. Die Karamellfüllung auf den vorgebackenen Teig gießen und die Tarte weitere 35 Minuten auf mittlerer Schiene backen. Tarte aus dem Ofen nehmen und 3 Stunden kühlen.

4. Für die Glasur die Kuvertüre hacken. Die Sahne erhitzen und die Kuvertüre darin schmelzen. Die Glasur über den Kuchen gießen und fest werden lassen.

5. Die Tarte aus der Form lösen und in Stücke schneiden.

SCHOKOKUCHEN
für alle Fälle

KUCHEN UND SCHOKOLADE GEHÖREN EINFACH ZUSAMMEN.
WENN ES MAL ETWAS WENIGER AUFWÄNDIG SEIN SOLL,
DANN SIND DIESE REZEPTE SCHNELL GEBACKEN.

EIERLIKÖR-SCHOKO-KUCHEN

Für eine Springform Ø 26 cm: 150 g Vollmilch-Kuvertüre, 4 Eier, 250 g Butter, 150 g Zucker, 200 ml Eierlikör, 250 g Mehl, 1 Pck. Backpulver

So geht's: Kuvertüre hacken und schmelzen. Eier aufschlagen und mit Butter und Zucker schaumig schlagen. Nacheinander Eierlikör und flüssige Kuvertüre langsam dazugeben und weiterschlagen, bis eine homogene Masse entsteht. Mehl mit Backpulver hineinsieben und unterheben. Springform fetten, Teig einfüllen und bei 180 °C (Umluft 160 °C) ca. 50 Minuten backen.

SCHOKOGUGLHUPF

Zutaten für 1 Guglhupfform: 250 g Butter, 250 g Zucker, 30 g Kakao, 2 EL Kahlua-Likör, 1 Pck. Backpulver, 380 g Mehl, 50 g Schokoraspeln

So geht's: Butter mit Eiern und Zucker schaumig rühren. Kakao und Kahlua dazugeben und unterrühren. Backpulver und Mehl darübersieben und unter die Buttermischung heben. Schokostreusel unterziehen. Guglhupfform fetten, Teig einfüllen und 50–60 Minuten bei 180 °C (Umluft 160 °C) backen.

HONIG-SCHOKO-KUCHEN

Für 20 Stück: 250 g Honig, 100 g Zucker, 50 g Kakao, 1 Msp. Kardamom, 1 Msp. Zimt, 450 g Mehl und etwas Mehl zum Ausrollen, 2 Eier, 35 g Zartbitter-Kuvertüre, 80 g Vollmilch-Kuvertüre, 100 ml Sahne, 1 EL Honig

So geht's: Den Backofen auf 180 °C (Umluft 160 °C) vorheizen. Honig und Zucker in einem Topf bei schwacher Hitze erwärmen. Kakao, Kardamom und Zimt hinzufügen. Das Mehl hineinsieben und mit den Eiern zu einem Teig verkneten. Den Teig auf einer bemehlten Arbeitsfläche 1 cm dick ausrollen und auf ein mit Backpapier belegtes Backblech geben. Den Kuchen 12 Minuten backen. Kuchen aus dem Backofen nehmen und auskühlen lassen. Die Teigplatte in Rauten schneiden. Für die Glasur die Kuvertüren fein hacken. Die Sahne mit dem Honig aufkochen und beide Kuvertüresorten darin auflösen. 10 Minuten auskühlen lassen, dann die Kuchenrauten mit der Glasur bestreichen.

GEWÜRZKUCHEN MIT WEISSER SCHOKOLADE

Für eine Springform Ø 22 cm: 120 g Zucker, 250 g Honig, 130 g Haselnüsse, 130 g Macadamianüsse, 150 g getrocknete Cranberries, 200 g Mehl, je 1 Msp. Zimt, Nelkenpulver und Kreuzkümmel, 350 g weiße Kuvertüre, Puderzucker

So geht's: Den Zucker zusammen mit dem Honig in einem Topf bei mittlerer Hitze schmelzen. Haselnüsse, Macadamianüsse und Cranberries dazugeben. Das Mehl sieben und portionsweise unterheben und den Teig glatt rühren. Mit Zimt, Nelkenpulver und Kreuzkümmel würzen. Den Backofen auf 170 °C (Umluft 150 °C) vorheizen. Die Kuvertüre hacken und über dem Wasserbad schmelzen. Die flüssige Kuvertüre zum Teig geben und untermischen. Den Teig in eine gefettete Springform füllen und 25 Minuten backen. Die Form aus dem Backofen nehmen und auskühlen lassen. Den Gewürzkuchen aus der Form lösen und in Stücke schneiden. Mit Puderzucker bestreut servieren.

TRÜFFEL-TARTE
mit Vanille

SIEHT EHER UNSPEKTAKULÄR AUS, SCHMECKT ABER
UNGLAUBLICH GUT: DIE FÜLLUNG AUS FEINER TRÜFFELMASSE
WIRD MIT VANILLE HARMONISCH ABGERUNDET.

Zutaten für 1 Tarte

Für den Boden

130 g Mehl

15 g Kakao

80 g Zucker

120 g weiche Butter

1 Eigelb

etwas Butter zum Einfetten

Für die Füllung

400 g Zartbitter-Kuvertüre

170 g weiche Butter

1 Vanilleschote

3 Eier

100 g Zucker

75 g Sahne

besonderes Werkzeug
• Tarte- oder Springform Ø 26 cm

Zeitbedarf
• 45 Minuten
• 45 Minuten backen

So geht's

1. Für den Boden Mehl, Kakao, Zucker und weiche Butter mit dem Handrührgerät verrühren. Das Eigelb zugeben und so lange weiterrühren, bis ein fester Teig entsteht. Den Teig in Frischhaltefolie wickeln und 30 Minuten ruhen lassen.

2. Den Backofen auf 180 °C (Umluft 160 °C) vorheizen. Den Teig auf einer bemehlten Arbeitsfläche dünn ausrollen. Eine Tarteform mit Butter einfetten und den Teig in die Form legen. Überschüssige Ränder mit einem Messer abschneiden. Den Tarteboden mit einer Gabel mehrmals einstechen. Im Backofen auf mittlerer Schiene 15 Minuten backen.

3. In der Zwischenzeit für die Füllung die Kuvertüre hacken und zusammen mit der Butter über dem Wasserbad schmelzen. Die Vanilleschote längs aufschlitzen und das Mark herauskratzen. Das Vanillemark zusammen mit Eiern, Zucker und Sahne zur Kuvertüremasse geben und gut unterrühren. Die Schokoladenmasse auf den vorgebackenen Tarteboden geben und die Tarte so weitere 30 Minuten backen.

4. Tarte aus dem Ofen nehmen und über Nacht auskühlen lassen.

VERFÜHRERISCH
Soßen & Getränke

SCHOKOLADE IN IHRER FLÜSSIGEN FORM VERSPRICHT
GANZ BESONDERE GLÜCKSMOMENTE. WER WÄRMT SICH
NICHT GERNE AN EINER TASSE DAMPFENDER HEISSER
SCHOKOLADE? WIR HABEN DA NOCH EIN PAAR ANDERE
IDEEN FÜR SIE.

BANANA-SPLIT-SOSSE
Schoko küsst Banane

WER DIE KOMBI ALS EISBECHER MAG, WIRD DIESE SOSSE LIEBEN.
SIE VERWANDELT EINE SCHLICHTE KUGEL VANILLEEIS IM HANDUM-
DREHEN IN EIN FANTASTISCHES DESSERT.

Zutaten für 400 ml

200 ml Milch

100 ml Sahne

60 g Zartbitter-Kuvertüre

1 reife Banane

besonderes Werkzeug
• Stabmixer
• Flaschen zum Abfüllen

Zeitbedarf
• 15 Minuten
• 20 Minuten kühlen

So geht's

1. Milch und Sahne in einen Topf geben und aufkochen. Die Zart-bitter-Kuvertüre hacken und unter Rühren in der Flüssigkeit schmelzen lassen

2. Die Banane schälen und in Scheiben schneiden. Die Bananen-scheiben zur Flüssigkeit in den Topf geben und 1 Minute mitko-chen. Mit einem Stabmixer die Bananenstücke in der Soße gründ-lich pürieren.

3. Die Soße vom Herd nehmen und vor dem Abfüllen in Flaschen 20 Minuten auskühlen lassen. Im Kühlschrank aufbewahren, jedoch 1 Stunde vor dem Verzehr herausnehmen, gut schütteln und Zimmertemperatur annehmen lassen.

DIE VARIANTE | RUM-SCHOKO-SOSSE
80 ml Milch, 100 ml Sahne, 30 g Honig, 150 g Zartbitter-Kuvertüre,
4 cl brauner Rum Milch und Sahne aufkochen. Den Honig darin auflösen.
Kuvertüre hacken und mit einem Stabmixer unter die heiße Flüssigkeit
mixen. Den Rum dazugeben und auskühlen lassen.

SCHOKO-SOSSE
hell und dunkel

IN BESONDERS SCHÖNE FLASCHEN GEFÜLLT SIND DIESE SOSSEN
DAS PERFEKTE MITBRINGSEL FÜR JEDEN SCHOKOHOLIC.

Zutaten für je 300 ml

Für die helle Soße

150 g weiße Kuvertüre

200 ml Milch

2 Vanilleschoten

20 g Zucker

Für die dunkle Soße

100 g Zartbitter-Kuvertüre

½ Vanilleschote

200 g Sahne

2 EL Honig

Zeitbedarf
• je 15 Minuten
• 20 Minuten Kühlzeit

So geht's

1. Für die helle Soße die Kuvertüre hacken. Die Milch bei mittlerer Hitze in einem kleinen Topf erwärmen. Kuvertüre, Vanillemark und Zucker zur Milch geben und so lange rühren, bis alles geschmolzen und eine homogene Soße entstanden ist.

2. Für die dunkle Soße die Zartbitter-Kuvertüre fein hacken. Die Vanilleschote längs aufschlitzen und das Mark herauskratzen. Die Sahne in einen Topf füllen, Vanillemark und Honig dazugeben und einmal aufkochen. Den Topf vom Herd nehmen und Kuvertüre unter Rühren in der Sahne auflösen.

3. Die Soßen vor dem Abfüllen in Flaschen 20 Minuten auskühlen lassen und bis zum Verschenken kalt stellen.

SO SCHMECKT'S AUCH | HEISSE SCHOKOLADE Aus diesen Soßen kann man ganz fix auch eine herrliche heiße Schokolade zubereiten. Einfach je nach Geschmack etwas Soße in kochend heiße Milch geben, umrühren, fertig. Wer mag verfeinert ganz nach Geschmack noch mit einer Prise Zimt oder Kardamom oder gibt einen Schuss Rum oder Amaretto dazu.

SCHOKO-LIKÖR
mit Kaffeearoma

DIESER KLARE LIKÖR HAT EIN GANZ BESONDERES, ETWAS HERBES AROMA UND SCHMECKT WUNDERBAR ALS GEGENPART ZU EINEM STÜCK SÜSSER SCHOKOLADE.

Zutaten 750 ml

50 g Kaffee, gemahlen

50 g Kakao

500 ml Wodka

150 g Honig

10 g Kaffeebohnen

besonderes Werkzeug
- Einmachglas
- feines Sieb oder Kaffeefilter
- Flaschen zum Abfüllen

Zeitbedarf
- 15 Minuten
- 48 Stunden ziehen lassen

So geht's

1. Kaffeepulver und Kakao in ein Einmachglas geben. Den Wodka dazugießen, das Glas fest verschließen und kräftig schütteln. Die Mischung 48 Stunden stehen lassen, dabei zwischendurch immer wieder gut durchschütteln.

2. Den aromatisierten Wodka durch ein sehr feines Sieb oder einen Kaffeefilter gießen. Den Honig und die Kaffeebohnen mit 250 ml Wasser einmal aufkochen, vom Herd nehmen und auf Zimmertemperatur abkühlen lassen. Der Wodka hinzufügen und gut vermischen. Den Likör in Flaschen füllen und kühl lagern

DIE VARIANTE | GEWÜRZ-LIKÖR
400 ml Sahne, 3 EL Kakao, 8 EL Zucker, 15 Nelken, 3 Zimtstangen, 20 Kardamomkapseln, 2 Muskatblüten, 3 Stück Orangenschale, 8 EL Amaretto, 100 ml Cognac Sahne mit Kakao, Zucker und allen Gewürzen in einen Topf geben, aufkochen und 5 Minuten leicht köcheln lassen. Die Sahne durch ein feines Sieb geben, etwas abkühlen lassen, Amaretto und Cognac dazugeben und alles gut vermischen.

SCHOKO-SHOOTER
kleiner süßer Abschluss

FALLS DOCH MAL KEIN DESSERT MEHR PLATZ HAT, IST DIESER SHOOTER
GENAU DER RICHTIGE ABSCHLUSS FÜR EIN MEHRGÄNGIGES MENÜ.

Zutaten für 4 Stück

6 cl Whisky-Creme-Likör
(z. B. Baileys)

2 cl Sahne

2 TL süßes Kakaopulver

4 Espressi

besonderes Werkzeug
• Milchaufschäumer
• 4 Espressotassen
• 4 Schnapsgläser

Zeitbedarf
• 10 Minuten

So geht's

1. Den Likör mit der Sahne mischen und mit einem Milch-Aufschäumer oder Stabmixer cremig mixen.

2. Das Kakaopulver auf die Espressotassen verteilen. 4 Espressi direkt in die Tassen zubereiten. Umrühren, damit sich das Kakaopulver auflöst. Den süßen Kakao-Espresso in die Schnapsgläser umfüllen.

3. Auf jeden Shooter eine Portion Likörcreme geben und servieren.

DIE VARIANTE | MOCCACHINO
**Pro Tasse 1 EL dunkle Schoko-Soße (S. 109), 1 Prise Chilipulver, 200 ml Milch, 1 frisch gebrühter
Espresso, etwas Milch zum Aufschäumen** Schoko-Soße und Chilipulver in eine Tasse geben. Die
Milch aufkochen, in die Tasse geben und kräftig umrühren. Den Espresso zur Schokomilch geben,
umrühren und mit einer Haube aus aufgeschäumter Milch servieren.

SÜSSES FINALE
Desserts & Eis

DIE KRÖNUNG NACH EINEM SCHÖNEN ESSEN
IST IMMER DAS DESSERT. UND WAS WÄRE
DAFÜR BESSER GEEIGNET ALS SCHOKOLADE?
OB CREMIGE MOUSSE, LUFTIGES SOUFFLÉ
ODER KÜHLES PARFAIT, HIER IST GARANTIERT
FÜR JEDEN GESCHMACK ETWAS DABEI.

MOUSSE-CRUMBLE
mit Blaubeeren

CREMIGE MOUSSE, KNACKIGER CRUMBLE UND FRUCHTIGE BLAUBEEREN,
DIESE KOMBINATION IST EINFACH UNWIDERSTEHLICH!

Zutaten für 8 Stück

Für den Crumble

50 g geröstete Erdnüsse

80 g Mehl

75 g Zucker

50 g weiche Butter

Für die Mousse

3 Eigelb

1 Ei

40 g Zucker

100 g Zartbitter-Kuvertüre

1 cl Rum

250 g Sahne

300 g Blaubeeren

besonderes Werkzeug
• 8 Gläser

Zeitbedarf
• 50 Minuten
• 12 Minuten backen
• 2 Stunden kühlen

So geht's

1. Den Backofen auf 200 °C (Umluft 180 °C) vorheizen. Für den Crumble die Erdnüsse fein hacken. Gehackte Erdnüsse, Mehl, Zucker und Butter miteinander verkneten.

2. Ein Backblech mit Backpapier belegen. Die Crumblemasse darauf 0,5 cm dick verteilen und auf der mittleren Scheine 12 Minuten backen. Den Crumble auskühlen lassen und dann zerbröseln.

3. Für die Mousse Eigelb, Ei und Zucker über dem Wasserbad mit dem Handrührgerät 3 Minuten cremig rühren. Vom Wasserbad nehmen und weitere 2 Minuten kalt weiterschlagen.

4. Die Kuvertüre hacken und über dem Wasserbad schmelzen. Den Rum dazugeben und unterrühren. Die Sahne steif schlagen.

5. Die flüssige Kuvertüre in die Eimasse rühren und untermischen. ⅓ der steifen Sahne mit einem Teigspachtel hineinrühren, die übrige Sahne mit einem Schneebesen vorsichtig unterheben.

6. Die Blaubeeren waschen und trocken tupfen. 8 Gläser bereitstellen. Zuerst eine Schicht Mousse einfüllen, dann etwas Crumble und Blaubeeren, das Ganze wiederholen und mit einer Schicht Blaubeeren enden. Die Gläser 2 Stunden kühlen.

DIE VARIANTE | WEISSE MOUSSE MIT ERDBEEREN
150 g weiße Kuvertüre, 2 Blatt Gelatine, 4 Eigelb, 20 ml Wasser, 40 g Zucker, 300 g Sahne, 250 g Erdbeeren Kuvertüre schmelzen, Gelatine einweichen. Eigelb über dem Wasserbad cremig rühren. Wasser und Zucker aufkochen und 5 Minuten köcheln lassen. Vom Herd nehmen und in dünnem Strahl unter die Eigelbe rühren. Gelatine ausdrücken und in der Eimasse auflösen. Flüssige Kuvertüre unterrühren. Sahne steif schlagen und unter die Masse ziehen. 3 Stunden kühlen.Mit Erdbeeren servieren (im Bild vorne).

[a]

SO *gelingt's* SICHER

······································

[a] SCHOKOLADENSTREIFEN Die
flüssige Kuvertüre in 5 – 6 Streifen
auf den inneren Rand der gekühlten
Souffléförmchen auftragen. Förmchen einfrieren und nach 10 Minuten
eine zweite Schicht Kuvertüre auf die
Streifen auftragen. So wird das
Streifenmuster auf dem fertigen
Soufflé deutlich erkennbar.

QUARK-SOUFFLÉ
mit Schokostreifen

WIE KOMMEN DIE SCHOKOLADENSTREIFEN AUF DAS SOUFFLÉ? IHRE GÄSTE WERDEN STAUNEN, DABEI IST DAS GANZ EINFACH.

Zutaten für 4 Stück

3 Eier

1 Bio-Zitrone

1 Vanilleschote

200 g Magerquark

100 g Zucker

etwas Butter und Zucker für die Förmchen

100 g Zartbitter-Kuvertüre

besonderes Werkzeug
• 4 ofenfeste Förmchen

Zeitbedarf
• 30 Minuten
• 50 Minuten kühlen
• 20 Minuten backen

So geht's

1. Die Eier trennen. Das Eiweiß mit einigen Tropfen Wasser steif schlagen und kalt stellen. Die Zitronenschale abreiben. Die Vanilleschote längs aufschlitzen und das Mark herauskratzen.

2. Den Quark in einer Schüssel glatt rühren. Eigelb, Zucker, Zitronenschale und Vanillemark unter den Quark rühren. 4 feuerfeste Souffléförmchen mit Butter einfetten und mit Zucker ausstreuen. Für 30 Minuten in den Tiefkühler stellen.

3. Die Kuvertüre hacken und über dem Wasserbad schmelzen. Die Förmchen aus dem Tiefkühler nehmen. Mit einem Pinsel die flüssige Kuvertüre auf den Förmchenrand auftragen [→a].

4. Den Backofen auf 200 °C (Umluft 180 °C) vorheizen. Den Eischnee mit einem Schneebesen vorsichtig unter die Quarkmasse heben. Die Förmchen zu ⅔ mit der Soufflémasse füllen und 15 Minuten auf mittlerer Schiene backen. Den Backofen währenddessen auf keinen Fall öffnen.

5. Das Quark-Soufflé sofort heiß und mit Puderzucker bestreut servieren.

DIE VARIANTE | SCHOKO-SOUFFLÉ MIT MOKKA

200 g Zartbitter-Kuvertüre, 100 g Butter, Mark von 1 Vanilleschote, 4 Eier, 120 g Zucker, 50 g Mehl, 1 TL Backpulver, 50 ml kalter Espresso Die Kuvertüre hacken, mit Butter und Vanillemark schmelzen. Eier trennen. Eiweiß mit 20 g Zucker steif schlagen. Eigelb mit 100 g Zucker über dem Wasserbad cremig rühren. Mehl, Backpulver, flüssige Kuvertüre und Espresso unter die Eimasse rühren. Eischnee behutsam unter die Schokomasse heben. 8 Espressotassen einfetten und mit Zucker ausstreuen. Soufflémasse auf die Tassen verteilen und auf mittlerer Schiene 20 Minuten bei 200 °C (Umluft 180 °C) backen.

MOHR IM HEMD
geliebter Klassiker

DER ÖSTERREICHISCHE SÜSSSPEISENKLASSIKER WECKT SCHÖNE KINDHEITS-
ERINNERUNGEN UND SCHMECKT GERADE DESHALB SO WOHLIG-LECKER.

Zutaten für 8 Stück

3 Eier

50 g Zucker

60 g Zartbitter-Kuvertüre

40 g Butter

50 g fein gemahlene Mandeln

25 g Biskuitbrösel

etwas Butter und Zucker
für die Förmchen

125 ml Sahne

10 g Vanillezucker

1 Rezept Schokoladensoße
von Seite 109

besonderes Werkzeug
• 8 ofenfeste Förmchen

Zeitbedarf
• 30 Minuten
• 25 Minuten backen

So geht's

1. Die Eier trennen. Das Eiweiß mit 1 EL Zucker sehr steif schlagen und kalt stellen. Die Kuvertüre hacken und über dem Wasserbad unter Rühren schmelzen.

2. Eigelb mit übrigem Zucker und Butter mit dem Handrührgerät 3 Minuten auf höchster Stufe cremig rühren. Die flüssige Kuvertüre hineingießen und einarbeiten. Gemahlene Mandeln und Biskuitbrösel mit einem Schneebesen unter die Masse mischen. Den Eischnee unter die Masse heben.

3. Den Backofen auf 180 °C (Umluft 160 °C) vorheizen. Förmchen mit Butter fetten und mit Zucker ausstreuen. Die Schokoladenmasse in die Förmchen füllen. Im Ofen 25 Minuten backen.

4. Die Sahne mit dem Vanillezucker steif schlagen. Den Mohr im Hemd aus dem Ofen nehmen, mit der Schokoladensoße übergießen und mit der geschlagenen Sahne servieren.

SO *gelingt's* SICHER

[a] PRALINENMASSE SCHICHTEN

Die erste Schicht – Sie können natürlich auch mit der hellen Pralinenmasse beginnen – sollte gut gekühlt und fest sein, bevor die zweite Schicht eingefüllt wird. So bekommen die beiden Schichten eine klare Trennlinie und vermischen sich nicht.

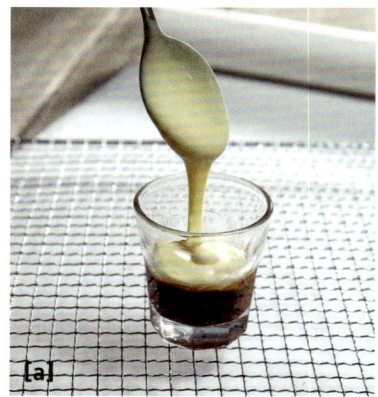

[a]

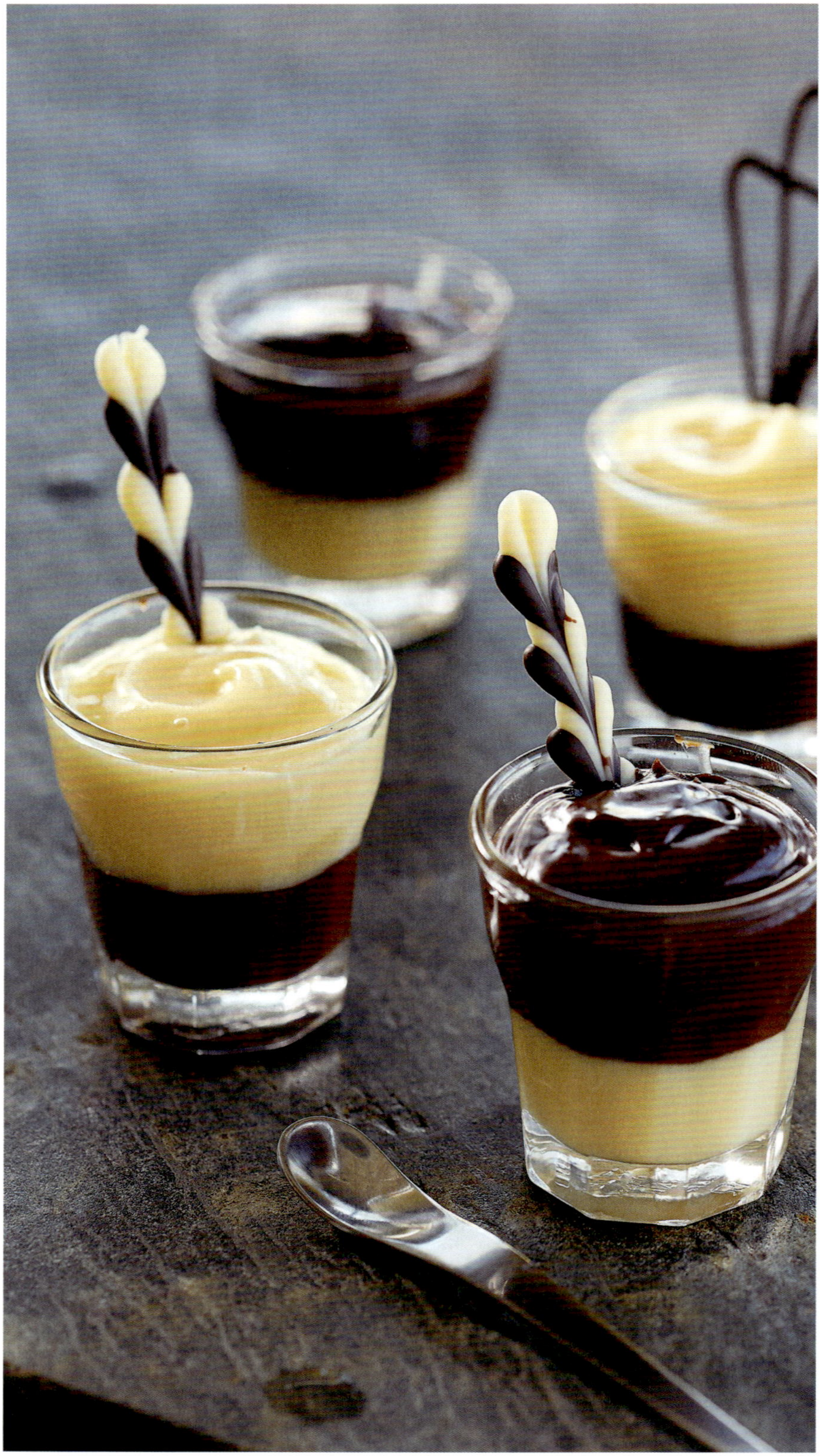

DOMINO-PRALINE
im Glas

EINE PRALINE ZUM LÖFFELN! BRINGEN SIE DIESES DESSERT IM GLAS
DOCH EINMAL ALS GASTGESCHENK ZU EINEM SCHÖNEN ABENDESSEN MIT.

Zutaten für 8 Stück

Für die dunkle Schicht

100 g Vollmilch-Kuvertüre

70 ml Sahne

10 g Honig

30 g Butter

Für die helle Schicht

100 g weiße Kuvertüre

70 ml Sahne

20 g Butter

Schokoornamente zum Verzieren

besonderes Werkzeug
• 8 Schnapsgläser

Zeitbedarf
• 60 Minuten
• 4 Stunden kühlen

So geht's

1. Die Vollmilch-Kuvertüre hacken und über dem Wasserbad schmelzen. Die Sahne mit dem Honig aufkochen, vom Herd nehmen und 5 Minuten auskühlen lassen.

2. Die flüssige Kuvertüre in die Sahne geben und untermischen. Die weiche Butter unter die Schokoladensahne rühren, bis eine homogene, glatte Masse entsteht. Die fertige Pralinenmasse auf 8 Schnapsgläser verteilen und für 2 Stunden an einem kühlen Ort fest werden lassen.

3. Für die zweite Schicht die weiße Kuvertüre hacken und schmelzen. Die Sahne aufkochen, vom Herd nehmen und 5 Minuten auskühlen lassen. Die flüssige Kuvertüre einrühren, die Butter unterheben und alles zu einer glatten Masse rühren.

4. Die weiße Pralinenmasse auf die dunkle Schicht in den Gläsern geben und für weitere 2 Stunden kühl stellen [→a].

5. Die Dominopralinen vor dem Servieren mit Schokoornamenten hübsch verzieren.

SELBST GEMACHT | SCHOKOORNAMENTE **Auf den Seiten 31, 91 und 133 zeigen wir Ihnen, wie einfach es ist, aus Schokolade kleine Ornamente und Dekorationen selbst herzustellen. Sie krönen Desserts, Torten und Kuchen und können auch einfach einmal so vernascht werden.**

GRIESS-SCHOKO-CREME
mit Mandelblättchen

EIN KLEINER FEINER NACHTISCH, DEN AUCH KINDER GERNE MÖGEN –
AM LIEBSTEN MIT ETWAS WEISSER SCHOKOLADEN- ODER VANILLESOSSE.

Zutaten für 1 Form

500 ml Milch

175 g Butter

80 g Zucker

150 g Hartweizengrieß

80 g Zartbitter-Kuvertüre

4 Eier

1 Bio-Zitrone

2 EL Vanillezucker

etwas Butter für die Form

100 g Mandelblättchen

besonderes Werkzeug
• Form Ø 20cm

Zeitbedarf
• 35 Minuten

So geht's

1. Die Milch in einem Topf mit Butter und Zucker aufkochen, bis die Butter komplett geschmolzen ist. Den Hartweizengrieß einrieseln lassen, dabei ständig mit einem Holzlöffel rühren, damit es keine Klümpchen gibt. Den Grieß bei kleiner Hitze 10 Minuten auf dem Herd quellen lassen, dabei immer wieder umrühren.

2. Die Zartbitter-Kuvertüre fein hacken, in den heißen Grieß geben und rühren, bis sich die Kuvertüre ganz aufgelöst hat. Den Topf vom Herd nehmen.

3. Den Backofen auf 180 °C (Umluft 160 °C) vorheizen. Die Eier einzeln rasch nacheinander mit einem großen Schneebesen in die Grießmasse rühren. Die Zitronenschale abreiben und zusammen mit dem Vanillezucker unter die Grießmasse mischen. Die Form mit etwas Butter einfetten, die Masse einfüllen und die Grießcréme 20 Minuten backen.

4. Die gebackene Creme aus dem Ofen nehmen und aus der Form lösen. Die Mandelblättchen in einer beschichteten Pfanne ohne Fett goldbraun rösten und über die Grießcreme streuen.

DIE VARIANTE | INGWER-SCHOKO-PUDDING
80 g weiche Butter, 30 g brauner Zucker, 3 Eigelb, 1cm Ingwer, 2 cl Rum, 40 g gem. Haselnüsse, 40 g gem. Mandeln, 80 g Zartbitter-Kuvertüre, 2 Eiweiß, 40 g Zucker Butter, Zucker und Eigelb cremig rühren. Den Ingwer schälen und fein reiben. Rum, geriebenen Ingwer, Haselnüsse und Mandeln zufügen und untermengen. Kuvertüre grob reiben und unter die Masse rühren. Eiweiß und Zucker steif schlagen, unter die Puddingmasse heben. 10 feuerfeste Förmchen einfetten und die Masse darauf verteilen. Förmchen in ein Wasserbad stellen, so dass sie zu ¾ im Wasser stehen. Bei 160 °C (Umluft 140 °C) 40 Minuten im Backofen garen. Heiß servieren.

SCHOKO-MILCHREIS
in der Flasche

EINE WITZIGE GESCHENKIDEE FÜR NASCHKATZEN, BEI DER DIE ODER
DER BESCHENKTE AUCH NOCH EIN BISSCHEN WAS TUN MUSS ...

Zutaten für 1 Flasche

Für die Mischung

40 g brauner Zucker

80 g Milchreis

60 g gemischte Kuvertüre-Drops

1 Vanilleschote

Zum Zubereiten

300 ml Milch

besonderes Werkzeug
• Milchflasche 250 ml

Zeitbedarf
• 10 Minuten
• 40 Minuten zubereiten

So geht's

1. Die Milchflasche spülen und sehr gut austrocknen. Als erste Schicht auf dem Boden der Flasche den braunen Zucker verteilen. Dann als zweite Schicht den Milchreis einfüllen. Zuletzt oben in den Flaschenhals die Kuvertüre-Drops und die Vanilleschote – evtl. in zwei Stücke schneiden – geben.

2. Für die Zubereitung die Milch in einem Topf erwärmen. Zuerst die Kuvertüre-Drops vorsichtig aus der Flasche schütten und darin auflösen. Die Vanilleschote längs aufschneiden, das Vanillemark herauskratzen und in die Schokoladenmilch geben.

3. Den Milchreis aus der Flasche in den Topf schütten und bei schwacher Hitze 45 Minuten köcheln lassen. Dabei immer wieder im Topf rühren.

4. Den fertigen Schokoladen-Milchreis in eine Schüssel umfüllen und mit dem braunen Zucker aus der Flasche bestreut servieren.

HÜBSCH VERPACKT | ZICKZACK Mit einer Zickzack-Schere – man bekommt sie in Handarbeitsgeschäften oder über das Internet – kann man Stoffreste mit einem witzigen Zickzack-Rand versehen. Ein Stoffquadrat mit einem Gummi über den Flaschenhals spannen, mit einer passenden Schleife versehen – fertig ist ein originelles Mitbringsel. Vergessen Sie nicht, die Zubereitungsanleitung auf einem kleinen Zettel mit dazuzulegen.

CRÊPES
schokoladig gefüllt

DIE HAUCHDÜNNEN EIERPFANNKUCHEN SIND GERADEZU DAFÜR PRÄ-
DESTINIERT, MIT SCHOKOLADE EINE VERFÜHRERISCHE LIAISON EINZUGEHEN.

Zutaten für 8 – 10 Stücke

Für die Crêpe

125 ml Sahne

3 Eier

30 g Mehl

15 g Kakao

5 EL Rapsöl

1 Prise Salz

Für die Creme

250 ml Milch

50 g Crème fraîche

70 g Zucker

3 Eigelb

40 g Schokoladenpudding-Pulver

100 g Zartbitterschokolade

2cl Rum

Zeitbedarf
• 35 Minuten
• 1 Stunde kühlen

So geht's

1. Sahne und Eier in einer Schüssel verquirlen. Mehl und Kakao dazusieben, 1 EL Rapsöl und 1 Prise Salz zufügen und zu einem flüssiger Teig verrühren. Den Teig 30 Minuten ruhen lassen.

2. In einer beschichteten Pfanne in wenig Rapsöl 8 – 10 Schokoladen-Crêpes ausbacken und auskühlen lassen.

2. Für die Creme Milch, Crème fraîche, Zucker, Eigelb und Puddingpulver in einem Topf unter ständigem Rühren aufkochen und 2 Minuten leise köcheln lassen. Die Schokolade fein hacken. Rum und Schokolade zur heißen Creme geben und unter Rühren darin auflösen. Die Creme 30 Minuten auskühlen lassen.

4. Ein Stück Frischhaltefolie auf die Arbeitsfläche legen. Einen Crêpe auf die Folie legen, dünn mit Schokoladencreme bestreichen und einen zweiten Crêpe leicht überlappend darauf legen. Ebenfalls mit Creme bestreichen. Die Crêpes aufrollen und fest in die Folie wickeln. Mit den restlichen Crêpes ebenso verfahren und alle Crêpesrollen 1 Stunde kühlen.

5. Zum Servieren und Verschenken die gekühlten, gefüllten Crêpes aus der Folie wickeln und in 4 – 5 cm lange Stücke schneiden. Die Stücke jeweils zur Hälft in einen Streifen Pergamentpapier wickeln und diesen mit einer hübschen Schleife sichern

DIE VARIANTE | SCHOKO-CRÊPES-TORTE
2 Portionen Crêpes-Teig, Öl zum Ausbacken, 120 ml Sahne, 120 ml Milch, 400 g Zartbitter-Kuvertüre, 4 EL Kaffeelikör Den Teig wie oben beschrieben zubereiten. 20 Crêpe (Ø ca. 20 cm) backen. Sahne und Milch aufkochen, gehackte Kuvertüre und Likör unterrühren, 90 Minuten kühlen. Abwechselnd Crêpes und Creme zu einer Torte schichten. 30 Minuten tiefkühlen, dann ringsum mit übriger Creme bestreichen (im Bild hinten).

SCHOKO-WAFFELN
mit heißen Kirschen

OB ALS DESSERT, SÜSSE MAHLZEIT ODER ZUM KAFFEEKLATSCH, IN DIESE SCHOKO-FRUCHTIGE KOMBI WERDEN SIE SICH GANZ BESTIMMT VERLIEBEN.

Zutaten für 12 Waffeln

Für die Waffeln

2 Eier

20 g Zartbitter-Kuvertüre

125 g weiche Butter

30 g Zucker

20 g Kakao, 150 g Mehl

125 g Schmand

175 ml Milch

etwas Butter für das Waffeleisen

Für die Kirschen

70 g Zucker

200 ml Rotwein oder Kirschsaft

Saft von 1 Zitrone

1 EL Speisestärke

350 g Kirschen aus dem Glas

1 Prise Zimt

besonderes Werkzeug
• Waffeleisen

Zeitbedarf
• 40 Minuten

So geht's

1. Die Eier trennen und das Eiweiß steif schlagen. Die Kuvertüre hacken und über dem Wasserbad schmelzen.

2. Das Eigelb mit der Butter und dem Zucker mit dem Handrührgerät auf höchster Stufe 5 Minuten cremig rühren. Die flüssige Kuvertüre in die Eigelbmasse gießen und untermischen. Den Kakao und das Mehl hineinsieben und einrühren. Schmand und Milch in die Masse rühren und den Eischnee unterheben.

3. Das Waffeleisen vorheizen. Das Eisen mit Butter einstreichen und mit einer Portion Teig füllen. Nacheinander Waffeln backen, bis der Teig verbraucht ist.

4. Für die heißen Kirschen den Zucker in einem schweren Topf karamellisieren. Mit dem Rotwein oder dem Kirschsaft ablöschen und auf die Hälfte einkochen. Den Zitronensaft hinzufügen. Die Speisestärke in 2 EL Wasser auflösen und die kochende Flüssigkeit mit der Speisestärke binden. Die Kirschen einrühren und mit 1 Prise Zimt würzen.

5. Die warmen Waffeln mit den heißen Kirschen servieren.

HÜBSCH VERPACKT | TORTENSCHACHTEL UND BÜGELGLAS **Die fertigen Waffeln kann man ganz prima in einer Tortenschachtel aus Pappe transportieren. Dazu gibt es die Kirschen in einem schönen Bügelglas. Die Waffeln dann ein paar Minuten im Backofen bei 100 °C erwärmen, die Kirschen kann man in der Mikrowelle oder in einem Topf erhitzen**

SCHOKO-RÖLLCHEN
und Schoko-Körbchen

DAS AUGE ISST MIT: SELBST EIN PAAR SCHLICHTE KIRSCHEN ODER ERDBEEREN
WERDEN IN EINEM SCHOKO-KÖRBCHEN ZU EINEM AUSGEFALLENEN DESSERT.

Zutaten für 4 Portionen

Für die Röllchen

50 g weiße Kuvertüre

Für die Körbchen

100 g Zartbitter-Kuvertüre

besonderes Werkzeug
- kleiner Spritzbeute (S. 22)
- Marmorplatte
- Teigschaber
- halbrunde Schalen

Zeitbedarf
- 20 Minuten
- 30 Minuten kühlen

So geht's

1. Die beiden Kuvertüresorten einzeln über dem Wasserbad schmelzen und temperieren. Die dunkle Kuvertüre für die Körbchen in einen Spritzbeutel mit sehr kleiner Öffnung füllen.

2. Für die Röllchen die weiße Kuvertüre dünn auf eine kalte Marmorplatte auftragen. Sobald die Kuvertüre fest, aber noch nicht ganz hart geworden ist, mit einem Teigschaber Röllchen formen [→a,b].

3. Für die Körbchen die halbrunden Schalen für 30 Minuten in den Teifkühler stellen, danach mit der Öffnung nach unten auf eine Unterlage stellen. Die Kuvertüre mithilfe des Spritzbeutels über die gekühlten Schalen spritzen [→c]. Die Schalen kurz kühlen, dann die ausgehärteten Schoko-Körbchen vorsichtig ablösen [→d].

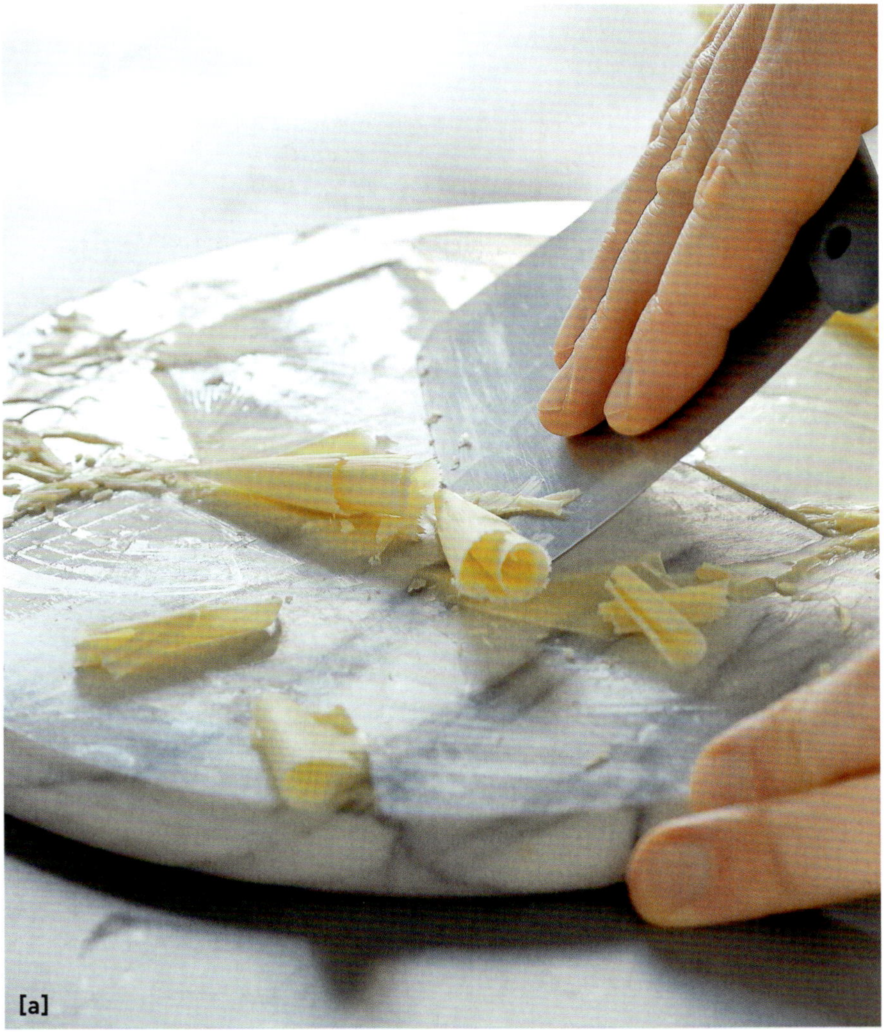

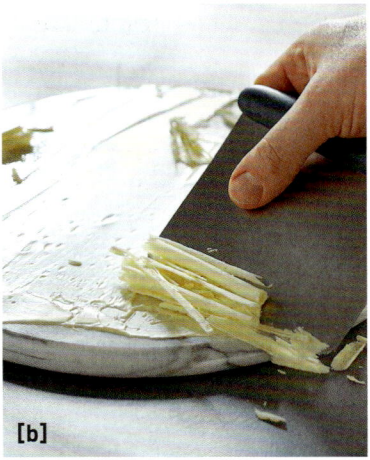

[a]

[b]

SO *gelingt's* SICHER

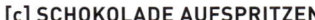

[a+b] VERSCHIEDENE FORMEN
Je nachdem wie man die Kuvertüre mit dem Teigschaber von der Marmorplatte schiebt, entstehen unterschiedliche Formen. Gerade werden die Röllchen, wenn man mit dem Teigschaber in einer Linie und mit gleichmäßigem Druck arbeitet. Führt man dagegen beim Schaben eine leichte Drehbewegung aus, werden die Röllchen leicht kegelförmig.

[c] SCHOKOLADE AUFSPRITZEN
Die flüssige Kuvertüre im Zickzack-Muster über die Schalenböden spritzen. Die Kuvertüre kurz anziehen lassen, dann eine zweite Zick-Zack-Schicht im rechten Winkel dazu aufspritzen.

[c]

[d]

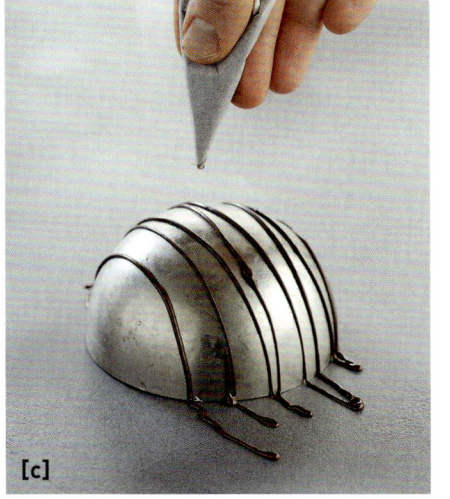

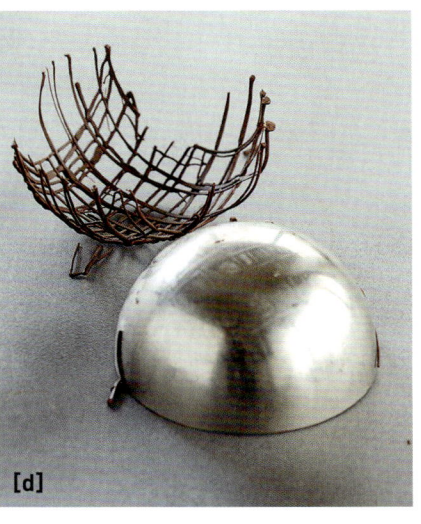

SCHOKO-PARFAIT
harte Schale, weicher Kern

AM BESTEN SCHMECKT DAS PARFAIT, WENN ES NICHT GANZ DURCHGEFROREN IST UND IM INNEREN NOCH EINEN LEICHT FLÜSSIGEN KERN BESITZT.

Zutaten für 8 Stück

80 g Zartbitter-Kuvertüre
250 g Sahne
3 Eigelb
1 Ei
40 g Zucker
1 TL Kakao

besonderes Werkzeug
• 8 Förmchen Ø 5 cm r

Zeitbedarf
• 30 Minuten
• 6 Stunden gefrieren

So geht's

1. Die Kuvertüre hacken und über dem Wasserbad schmelzen. Die Sahne mit dem Handrührgerät in einer Schüssel steif schlagen.

2. Eigelb, Ei und Zucker in einer Schüssel über dem Wasserbad mit dem Handrührgerät 4 Minuten schaumig schlagen. Den Kakao hineinsieben und unterrühren.

3. Die flüssige Kuvertüre unter ständigem Rühren in die Eimasse geben und untermischen. ⅓ der geschlagenen Sahne mit einem Teigspachtel unter die Masse rühren. Den Rest mit einem Schneebesen vorsichtig unterheben. Die Parfaitmasse in die Förmchen füllen und für 6 Stunden einfrieren.

4. Zum Servieren die Parfaits aus den Formen lösen und mit Schokoladenornamenten und frischen Früchten dekorieren.

GEWUSST WIE | PARFAITS STÜRZEN **Um die Parfaits gut aus den Formen lösen zu können, tauchen Sie die Förmchen zu etwa ¾ in heißes Wasser und stürzen die Parfaits dann auf einen Teller.**

SCHOKOLADENEIS
So schmeckt der Sommer

WAS GIBT ES SCHÖNERES, ALS SICH AN EINEM HEISSEN SOMMERTAG EIN KÜHLES, CREMIGES SCHOKOEIS AUF DER ZUNGE ZERGEHEN ZU LASSEN?

Zutaten für 500 ml

100 g Sahne

150 g Zartbitterschokolade

1 Vanilleschote

50 g Zucker

2 cl Cognac

Zeitbedarf
• 90 Minuten

So geht's

1. 250 ml Wasser mit der Sahne in einem Topf aufkochen. Die Kuvertüre hacken und bei mittlerer Hitze in der heißen Flüssigkeit unter Rühren auflösen.

2. Die Vanilleschote längs aufschlitzen, das Mark mit dem Messerrücken aus der Schote kratzen und zur Flüssigkeit geben. Den Zucker zur Sahne geben und unter Rühren darin auflösen. Den Topf vom Herd nehmen und die Mischung ganz auskühlen lassen.

3. Den Cognac unter die Eismasse rühren und die Masse in einer Eismaschine gefrieren lassen. Das Eis bis zum Verzehr im Tiefkühler aufbewahren.

GEWUSST WIE | EIS OHNE EISMASCHINE Alle Zutaten sowie zusätzlich 1 ganz frisches Eigelb wie im Rezept beschrieben verarbeiten und die Masse in eine Metallschüssel (sie leitet die Kälte am besten) füllen. 30 Minuten gefrieren lassen, aus dem Tiefkühler nehmen und mit dem Handmixer 2 Minuten aufschlagen, erneut für 30 Minuten gefrieren und den Vorgang so oft wiederholen, bis die gewünschte cremige Konsistenz erreicht ist.

REZEPTREGISTER

THEMENREGISTER

KÜCHENTECHNIK

SOSSEN

SÜSSIGKEITEN

TAFELSCHOKOLADE

TORTEN & TARTES

TRÜFFEL, PRALINEN & KONFEKT

GEMEINSAM GENIESSEN

Patrick Ulmer • Moritz Weeger
Tee
144 Seiten, 100 Abbildungen, €/D 14,99

Tee rockt! Das spüren die beiden Berliner Autoren Patrick und Moritz ganz genau! Sie sind zwei von fünf Gründern der Teemanüfaktur „5 Cups and some sugar". Alle fünf Jungs sind die größten Fans des Popstars Tee und haben ein Ziel: Dir zu zeigen, was in ihm steckt. Mit vielen Rezepten für kreative Tee-mischungen, erfrischende Eistees und noch nie da gewesene Tee-Cocktails und Longdrinks.

Dagmar Reichel
Kaffeeklatsch
144 Seiten, 138 Abbildungen, €/D 14,95

Das Buch lädt dazu ein, den Kaffeeklatsch so richtig gekonnt zu zelebrieren. Liebevolle Ideen für schön gestaltete Einladungen, stilvolle Tischdekorationen und ein stimmungsvolles Ambiente. Geliebte Kuchenklassiker und moderne Trends wie Cake-Pops und Whoopies werden Ihre Gäste begeistern.

MIT LIEBE SELBST GEMACHT

Nadja Bruhn
Kekskunst zum Selbermachen
144 Seiten, 100 Abbildungen, €/D 14,99

Willkommen in Nadja Bruhns Keksmanufaktur
„Henk und Henri" in Hamburg! Deutschlands
erste Keksdesignerin macht auch aus Ihnen einen
Kekskünstler: mit gelingsicheren Grundrezepten
für Teige und Glasuren sowie Schritt-für-Schritt-
Anleitungen für die verschiedensten Dekorations-
techniken. Die trendigen Kekse zu vielen Themen
und Anlässen schmecken köstlich und sind einfach
zum Verlieben.

AKTEURE

IMPRESSUM

Der gebürtige Danziger **Rafael Pranschke** hat seine Leidenschaft zum Beruf gemacht. Nach seiner Ausbildung zum Koch folgten Wanderjahre durch die europäische Spitzengastronomie und eine sechsjährige Dozententätigkeit an einer Gastronomiefachschule. Rafael Pranschke ist Küchenmeister nach IHK und diätetisch geschulter Koch nach DEG (Deutsche Gesellschaft für Ernährung). Er arbeitete einige Jahre erfolgreich als Foodstylist und ist heute freier Fotograf mit eigenem Studio in Mülheim an der Ruhr sowie Autor zahlreicher Kochbücher. Für seine Arbeiten als Autor und Fotograf wurde er mit der Goldmedaille der Gastronomischen Akademie Deutschland sowie dem World Cookbook Award ausgezeichnet.

Für dieses Buch liefert Rafael Pranschke alles aus einer Hand: Mit großer Begeisterung und viel Liebe hat er die süßen Rezepte entwickelt, aufgeschrieben, angerichtet und fotografiert. Unterstützt wurde er dabei von **Ruth Friedrich** in der Küche und **Lukas Kortemba** am Fotoset. Vom klassischen Trüffel bis hin zur modernen Schoko-Tarte mit schwarzem Salz ist hier nun für jeden Schokoholic etwas Wunderbares dabei.

Mit 101 Fotos von Rafael Pranschke.

Umschlaggestaltung von Gramisci Editorialdesign, München, unter Verwendung von zwei Fotos von Rafael Pranschke

Rezepte, Geling-Tipps, Infos zum KOSMOS-Kochbuch-Programm und vieles mehr unter **kosmos.de/kochen**

Unser gesamtes lieferbares Programm und viele weitere Informationen zu unseren Büchern, Spielen, Experimentierkästen, DVDs, Autoren und Aktivitäten finden Sie unter **kosmos.de**

Gedruckt auf chlorfrei gebleichtem Papier

© 2014, Franckh-Kosmos Verlags-GmbH & Co. KG, Stuttgart
Alle Rechte vorbehalten
ISBN 978-3-440-14405-3
Projektleitung und Lektorat: Claudia Salata
Gesamtgestaltungkonzpet:
Gramisci Editorialdesign, München
Satz: Cordula Schaaf, Grafik-Design, München
Produktion: Eva Schmidt
Printed in Germany / Imprimé en Allemagne